AUF DEN SPUREN OTTOS DES GROSSEN

AUF DEN SPUREN
OTTOS
DES
GROSSEN

EINE TAUSENDJÄHRIGE REISE ZU KUNST UND ARCHITEKTUR IN SACHSEN-ANHALT

HERAUSGEGEBEN VON
CHRISTIAN ANTZ

TEXT
CHRISTIAN ANTZ
SEBASTIAN KREIKER

FOTOGRAFIEN
JANOS STEKOVICS

VERLAG JANOS STEKOVICS
HALLE AN DER SAALE

Sachsen-Anhalt, Deutschland und Europa vor 1000 Jahren

Sachsen-Anhalt ist scheinbar ein noch junges Land. Hier aber lag vor 1000 Jahren das politische Zentrum Deutschlands. Es war die Heimat der Liudolfinger, aus deren Familie Kaiser Otto der Große hervorging. Von ihrem Besitz im Harz aus errangen sie in Aachen die fränkische Königs- und in Rom die römische Kaiserkrone. Von hier aus führten sie Kriege gegen Slawen oder Ungarn. Hier gründeten sie Klöster und Bistümer, setzten geistliche und weltliche Würdenträger ein und ab. Von hier aus gingen Reisen nach Polen oder Italien. Hier spannen sie ihre Heiratsfäden nach England oder Konstantinopel. Hier empfingen sie Gesandtschaften aus Cordoba oder Kiew. Heinrich I. und sein Sohn Otto der Große fanden in Quedlinburg bzw. Magdeburg ihre letzte Ruhe. Otto der Große, Magdeburg und Europa müssen deshalb als Einheit begriffen werden.

Magdeburg, Kaiser-Otto-Saal im Kulturhistorischen Museum

Ausgehend von der Europarats- und Landesausstellung „Otto der Große, Magdeburg und Europa" 2001 in Magdeburg werden diese verschütteten Erinnerungen wieder ans Tageslicht gebracht. Zehn Orte, in denen die Ottonen gewirkt und in denen sich die künstlerischen Zeugen ihrer Zeit erhalten haben, bieten dem Besucher eine tausendjährige Zeitreise. Reale Erlebniswelten von Architektur und Malerei, Plastik und Goldschmiedekunst öffnen sich in Walbeck und Halberstadt, Quedlinburg und Gernrode, Tilleda und Querfurt, Memleben und Zeitz, Merseburg und Magdeburg. Dahin, auf den Spuren Ottos des Großen, möchte das Buch auch seine Leser entführen.

Aber nicht nur für das Mittelalter trifft der touristische Slogan Sachsen-Anhalts „Ein Land macht Geschichte" zu. Sachsen-Anhalt ist das Land des Kuren und Badens. Ausgehend von reichen und heilbringenden Salzquellen hat sich hier ab dem 18. Jahrhundert eine weite Kulturlandschaft der Gesundbrunnen entwickelt, die noch heute von Bad Salzelmen bis Bad Kösen reicht. Es ist aber auch das Land der Gärten. Vom Frühbarock bis ins 21. Jahrhundert präsentieren sich hier vom Menschen gestaltete Landschaftsräume einmaliger Qualität. Der biographisch-geographische Reigen reicht von Ernst Ludwig Spiegel zum Diesenberg in Halberstadt bis zu Leopold III. Friedrich Franz von Anhalt-Dessau in Wörlitz, von Peter Joseph Lenné in Magdeburg bis zu Paul Schultze-Naumburg in Bad Kösen. Diese Beispiele sollen genügen, um neugierig zu machen, wohin die Reihe „Kulturreisen in Sachsen-Anhalt" sie in der Zukunft noch führen wird.

Seite 4–5: Memleben, Krypta

Dr. Matthias Puhle, Leitender Museumsdirektor
Kulturhistorisches Museum Magdeburg

Dr. Christian Antz, Herausgeber

Seite 6: Magdeburg, das Original des Magdeburger Reiters im Kulturhistorischen Museum

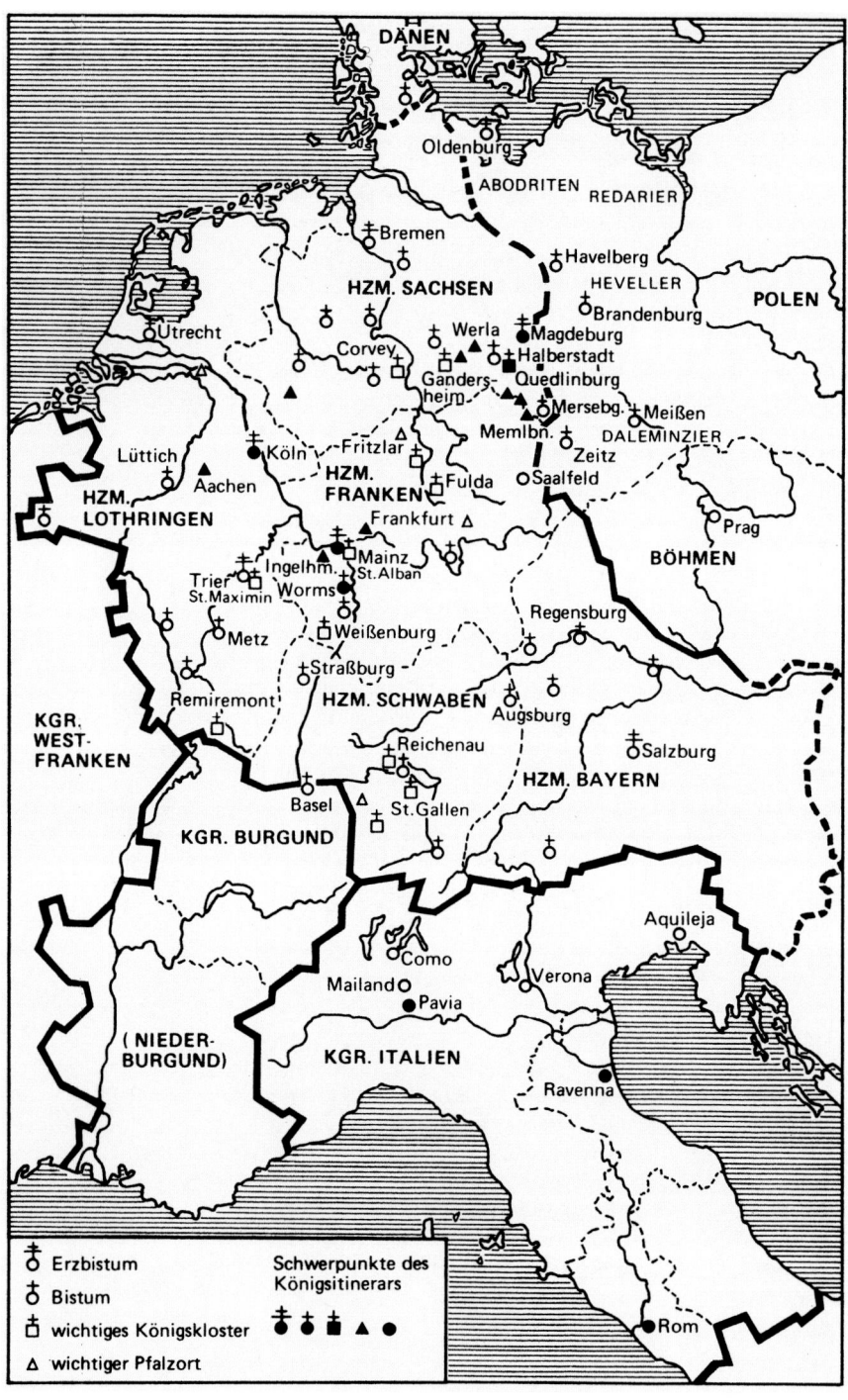

DÄNEN

Oldenburg

ABODRITEN   REDARIER

Bremen   Havelberg

HZM. SACHSEN   HEVELLER   POLEN

Utrecht   Brandenburg

Werla   Magdeburg

Corvey   Halberstadt

Ganders-   Quedlinburg

heim   Meißen

Memlbn.   Mersebg.

DALEMINZIER

Lüttich   Köln   Fritzlar   Zeitz

Aachen   HZM.   Fulda   Saalfeld

HZM.   FRANKEN

LOTHRINGEN   Frankfurt

Prag

Ingelhm.   Mainz

Trier   St.Alban   BÖHMEN

St.Maximin   Worms

Regensburg

Metz   Weißenburg

Straßburg

Remiremont   HZM. SCHWABEN

Augsburg

KGR.   Salzburg

WEST-   Reichenau

FRANKEN   HZM. BAYERN

Basel   St.Gallen

KGR. BURGUND

Aquileja

Como

Mailand   Verona

Pavia

(NIEDER-   KGR. ITALIEN

BURGUND)

Ravenna

Rom

Erzbistum   Schwerpunkte des
                           Königsitinerars
Bistum

wichtiges Königskloster

Δ wichtiger Pfalzort

Die ottonische Königslandschaft in Sachsen

Als im Jahre 919 Heinrich I. (reg. 919–936) zum König erhoben wurde, trat er an die Spitze des ostfränkischen Reiches, das als Teilreich aus dem Imperium Karls des Großen (reg. 768–814) hervorgegangen war und mit Ausnahme des lange umstrittenen Lothringens östlich des Rheins lag. Anders als seine Vorgänger auf dem Königsthron war Heinrich I. kein Franke. Er war Sachse und gehörte einem Geschlecht an, das nach dem Grafen Liudolf (gest. 866), seinem ältesten bekannten Vorfahren, als „Liudolfinger" oder nach Otto dem Großen (reg. 936–973) und seinen Nachfahren Otto II. (reg. 973–983) und Otto III. (reg. 983–1002) als „Ottonen" bezeichnet wird. Die Sachsen hatten sich erst spät und nach einem langen bitteren Krieg Karl dem Großen unterworfen und ihr Stammesgebiet war dem fränkischen Reich angegliedert worden. Beim mittelalterlichen Sachsen ist keineswegs an das heutige Bundesland Sachsen zu denken, sondern an einen Raum, der sich von der Eider im Norden bis zu Werra und Unstrut im Süden, von Elbe und Saale im Osten bis gegen den Niederrhein im Westen erstreckte: Sachsen-Anhalt und Niedersachsen. Erst im späten Mittelalter sollte der Name „Sachsen" in der Folge dynastischer Erbteilungen die Elbe aufwärts wandern.

Ebenso wie andere sächsische Adelsfamilien hatten die Liudolfinger schnell ihren Frieden mit den Eroberern gemacht und waren führenden fränkischen Familien und dem Königshaus der Karolinger in vielfacher Weise verbunden. Bereits Graf Liudolf, der in späteren Quellen auch als Herzog bezeichnet wurde, vermählte sich mit der vornehmen Fränkin Oda (gest. 913). Seine Tochter Liudgard (931–953) ehelichte Ludwig den Jüngeren (reg. 876–882), den König des westfränkischen Reiches aus dem Hause der Karolinger. Der Sohn Otto (gest. 912), dem später der Beiname „der Erlauchte" verliehen wurde, stieg nach dem Schlachtentod seines älteren Bruders Brun zum Herzog in Sachsen auf und verheiratete seine Tochter Oda (gest. 956?) mit König Zwentibold von Lotharingien (reg. 895–900), einem illegitimen Karolinger. Will man dem Bericht des Chronisten Widukind von Corvey (ca. 925–nach 973) Glauben schenken, dann wurde bereits Otto dem Erlauchten, die Königskrone angeboten, die dieser jedoch wegen seines fortgeschrittenen Alters ablehnte. Doch sein Sohn Heinrich sollte ihm zuerst in der Herzogswürde folgen und dann den Thron des ostfränkisch-deutschen Reiches besteigen.

Die ausgedehnten Besitzungen der Liudolfinger lagen im östlichen Sachsen und im nördlichen Thüringen. So ist liudolfingischer Besitz in Gandersheim, im westlichen Vorland des Harzes, nachweisbar. Dort gründete Herzog Liudolf zusammen mit

Seite 8: Karte des ostfränkischen Reiches zur Zeit Ottos des Großen (nach Althoff/Keller, 1985)

9

Wendelstein an der Unstrut

seiner Frau Oda einen Kanonissenkonvent, dessen erste Äbtissin seine Tochter Hathumod (852–874) wurde. Der Großvater und der Vater Liudolfs hatten im nahen Brunshausen bereits im ersten Viertel des 9. Jahrhunderts eine Kirche gegründet und diese Johannes dem Täufer und dem heiligen Stephanus geweiht. Unter Heinrich I. rückte jedoch die Landschaft zwischen Harz, Elbe und Saale in den Mittelpunkt des Interesses. Nachdem Heinrich I. die dort befindlichen liudolfingischen Besitzungen mit dem karolingischen Reichsgut vereint hatte, stützte er fortan sein Königtum auf diesen Raum und verwandelte eine zuvor abgelegene Region an der Grenze zum Slawenland zu einer Landschaft, die zum Kernstück der ottonischen Königs- und Kaiserherrschaft wurde.

Heinrichs wichtigste Stützpunkte im östlichen Sachsen waren die Pfalzen Quedlinburg, Merseburg und Werla. In die Pfalz Werla, gelegen an der Oker beim heutigen Werlaburgdorf, zog sich der König 924 vor den herandrängenden ungarischen Reiterscharen zurück. Zwei Jahre später gelang es ihm, im Austausch gegen einen gefangenen ungarischen Fürsten und nach dem Versprechen einen jährlichen Tribut an die Ungarn zu entrichten, einen Waffenstillstand auf neun Jahre auszuhandeln. Die so gewonnene Zeit nutzte der König, um sich für eine erneute Begegnung mit den Ungarn zu wappnen. Es galt, ein wirksames Verteidigungssystem zu errichten, das geeignet war, die militärische Aktionsfähigkeit der Ungarn, die auf die Wendigkeit ihrer Reiterei und auf die Durchschlagskraft ihrer Pfeile vertrauten, wirkungsvoll zu behindern und zugleich der bedrohten Bevölkerung Schutz zu gewähren. Vermutlich auf dem Wormser Hoftag von 926 verständigte sich Heinrich mit den Mächtigen des Reiches darauf, neue Burgen zu errichten und bestehende auszubauen sowie Bischofssitze und Klöster, bevorzugte Angriffsziele der Ungarn, zu befestigen. Inwieweit diese sogenannte „Burgenordnung Heinrichs I." Wirklichkeit wurde, läßt sich heute nicht mehr nachvollziehen, doch zeigte sich der König einige Jahre später bereit, es auf ein erneutes Treffen mit den Ungarn ankommen zu lassen: Er verweigerte die Zahlung des vereinbarten Tributes. Im Frühjahr 933 zogen die Ungarn daraufhin gegen den König, der sie mit einem starken Heeresaufgebot aus allen Stämmen des Reiches im ostsächsich-thüringischen Grenzraum erwartete. Bei Riade, einem heute unbekannten Ort an der Unstrut, kam es zur Schlacht, in der Heinrich den Sieg davontrug.

Zum Gedenken an diesen militärischen Erfolg ließ der König einen Saal der Merseburger Pfalz mit einem Wandgemälde ausstatten, das seinen Triumph verherrlichen sollte. Das hoch über der Saale gelegene, von einer Mauer geschützte Merseburg war Ausgangspunkt für Kriegszüge gegen die Slawen, die östlich der Elbe-Saale-Linie lebten. So siedelte Heinrich I. dort

die sogenannte „Merseburger Schar" an, die sich aus kriegstüchtigen Dieben und Räubern zusammensetzte, welche für
das Versprechen, gegen sie Slawen zu kämpfen, begnadigt
worden waren. In den Besitz des Ortes war Heinrich viele Jahre
zuvor durch seine Heirat mit Hatheburg, der Erbtochter Graf
Erwins von Merseburg gelangt. Doch sollte diese Ehe, aus der
Heinrichs ältester Sohn Thankmar (ca. 905–938) hervorging,
keinen Bestand haben. Der Bischof von Halberstadt untersagte
dem Paar die eheliche Gemeinschaft, da Hatheburg vor ihrer
Vermählung mit Heinrich bereits verwitwet gewesen und dann
Nonne geworden war. Nach wenigen Jahren trennte sich Heinrich von seiner Frau; die reichen Güter, die Hatheburg mit in
die Ehe gebrachte hatte, behielt er allerdings. Die Aussicht auf
die nicht minder lohnende, im Jahre 909 geschlossene Ehe mit
der in Westfalen reichbegüterten Grafentochter Mathilde (ca.
896–968) aus dem sächsischen Geschlecht der Immedinger
hatte Heinrich die Entscheidung, Hatheburg ins Kloster
zurückzuschicken, offenkundig erleichtert. Drei Jahre später
wurde Heinrich und Mathilde der erste Sohn geboren. Den
Namen Otto erhielt der Knabe nach seinem Großvater väterli-
cherseits, Otto dem Erlauchten.

*Walbeck, Blick ins
Mittelschiff der Ruine der
Stiftskirche*

Im Jahre 929 zog Heinrich I. siegreich gegen die slawischen
Daleminzier zu Felde, die im Gebiet von Meißen und Dresden
siedelten; wenig später wurde auch der böhmische Herzog
gezwungen, die Vorherrschaft des Königs anzuerkennen.
Bedeutungsvoll für die ottonische Familiengeschichte war der
erfolgreiche Kriegszug, den König Heinrich wenige Monate
zuvor im Winter 928/929 gegen den Slawenstamm der Heveller geführt hatte. Der König eroberte die im Havelland gelegene Brandenburg, die hevellische Hauptburg, und nahm den
Slawenfürsten Tugumir und dessen namentlich nicht bekannte
Schwester gefangen und brachte sie mit an seinen Hof. Dort
entspann sich zwischen der Slawenfürstin und dem jungen
Otto ein zärtliches Verhältnis. Möglicherweise verdankte Otto
dieser Beziehung seine slawischen Sprachkenntnisse, ganz
sicher aber den kleinen Wilhelm, seinen ersten Sohn, der später Erzbischof von Mainz werden und seinem Vater große
Schwierigkeiten bereiten sollte.

*Merseburg, Schloßkomplex
von Nordosten*

Bald darauf ging Otto seine erste Ehe ein. Heinrich I. hatte bei
Aethelstan (reg. 925–939), dem angelsächsischen König von
Wessex, um eine Frau für seinen Sohn geworben. Aethelstan
erwies sich nicht als zögerlich und sandte gleich seine beiden
Halbschwestern nach Sachsen, damit der Königssohn zwischen
diesen auswählen könne. Otto entschied sich für Edgith (ca.
912–946); ihre Schwester, an welcher der junge Sachse offen-
bar weniger Gefallen gefunden hatte, heiratete in das burgun-
dische Königshaus ein. Nach der Hochzeit, die möglicherweise
in Quedlinburg stattgefunden hat, lebte das junge Paar wahr-

scheinlich in Magdeburg, das Edgith als Morgengabe übergeben worden war. Eng mit der Vermählung Ottos verbunden ist
die sogenannte „Hausordnung" Heinrichs I., in der er seine
Nachfolge regelte. Hierin wurde Otto 929/930 zum König
bestimmt und seine Mutter Mathilde mit einer reichen Wit-
wenversorgung ausgestattet. Bis zum Jahre 936 schweigen
dann die Quellen über den Thronanwärter. Im Herbst 935 erlitt
König Heinrich bei der Jagd im Harz einen Schlaganfall, von
dem er nicht wieder genesen sollte. Als er fühlte, daß der Tod
sich nahte, berief der alte König einen Hoftag nach Erfurt ein,
auf dem er vor den Mächtigen des Reiches seinen Sohn als
Nachfolger bestätigte und brach nach Memleben auf, wo er am
2. Juli 936 starb. Beigesetzt wurde Heinrich I. in der Burgkapelle seiner Lieblingspfalz Quedlinburg, wo sein Grab noch
heute zu sehen ist. Otto aber begab sich nach Aachen, wo er
wenige Wochen später, am 7. August 936, feierlich gekrönt
wurde.

Nach Sachsen zurückgekehrt, erhob Otto I. die Quedlinburger
Grabkapelle seines Vaters zur Kirche eines Kanonissenstiftes.
Seine Mutter Mathilde, die das Stift aus ihrem Witwengut reich
ausgestattet hatte, stand diesem Konvent bis zum Jahr 966
vor, als Ottos Tochter Mathilde (ca. 955–999) das Amt der
Äbtissin übernahm. Das Quedlinburger Servatiusstift sollte
sich zum vornehmsten Damenstift des Reiches entwickeln und
für mehr als ein Jahrhundert von Äbtissinnen geleitet werden,
die dem Königshaus entstammten. Heinrich I. hatte schon 922
in Quedlinburg das Osterfest begangen und damit eine Tradition begründet, die sein Sohn fortsetzen sollte. Quedlinburg
wurde zur „Osterpfalz" der Ottonen, während Pöhlde, bei
Osterode am Westrand des Harzes gelegen, zur „Weihnachts-
pfalz" wurde. Im Jahre 941 wurde Quedlinburg zum Ort dra-
matischer Ereignisse. Heinrich (ca. 919/20–955), der jüngere
Bruder Ottos des Großen, neidete seinem Bruder die Krone und
verschwor sich mit zahlreichen unzufriedenen Adligen, um

den König während des Osterfestes zu ermorden und sich
selbst die Krone aufzusetzen. Es gelang den Verschwörern
jedoch nicht, ihren Plan vor Otto dem Großen geheimzuhal-
ten. Der König umgab sich mit einer Schar treuer Krieger, ließ
sich von der drohenden Gefahr nicht beeindrucken und feierte
unter Wahrung seiner herrscherlichen Würde das Fest. Nach
den Feierlichkeiten ließ Otto die Verschwörer ergreifen und die
meisten von ihnen enthaupten. Heinrich gelang die Flucht und
sollte später die Verzeihung seines Bruders erlangen. Zu den
Glücklichen, die mit dem Leben davonkamen, zählte auch Graf
Lothar II. von Walbeck, der Großvater Bischof Thietmars von
Merseburg (975–1018), des berühmten Geschichtsschreibers
der Ottonenzeit. Zur Buße für seine Beteiligung an dem Mord-
komplott, stiftete er auf seiner Burg in Walbeck an der Aller,

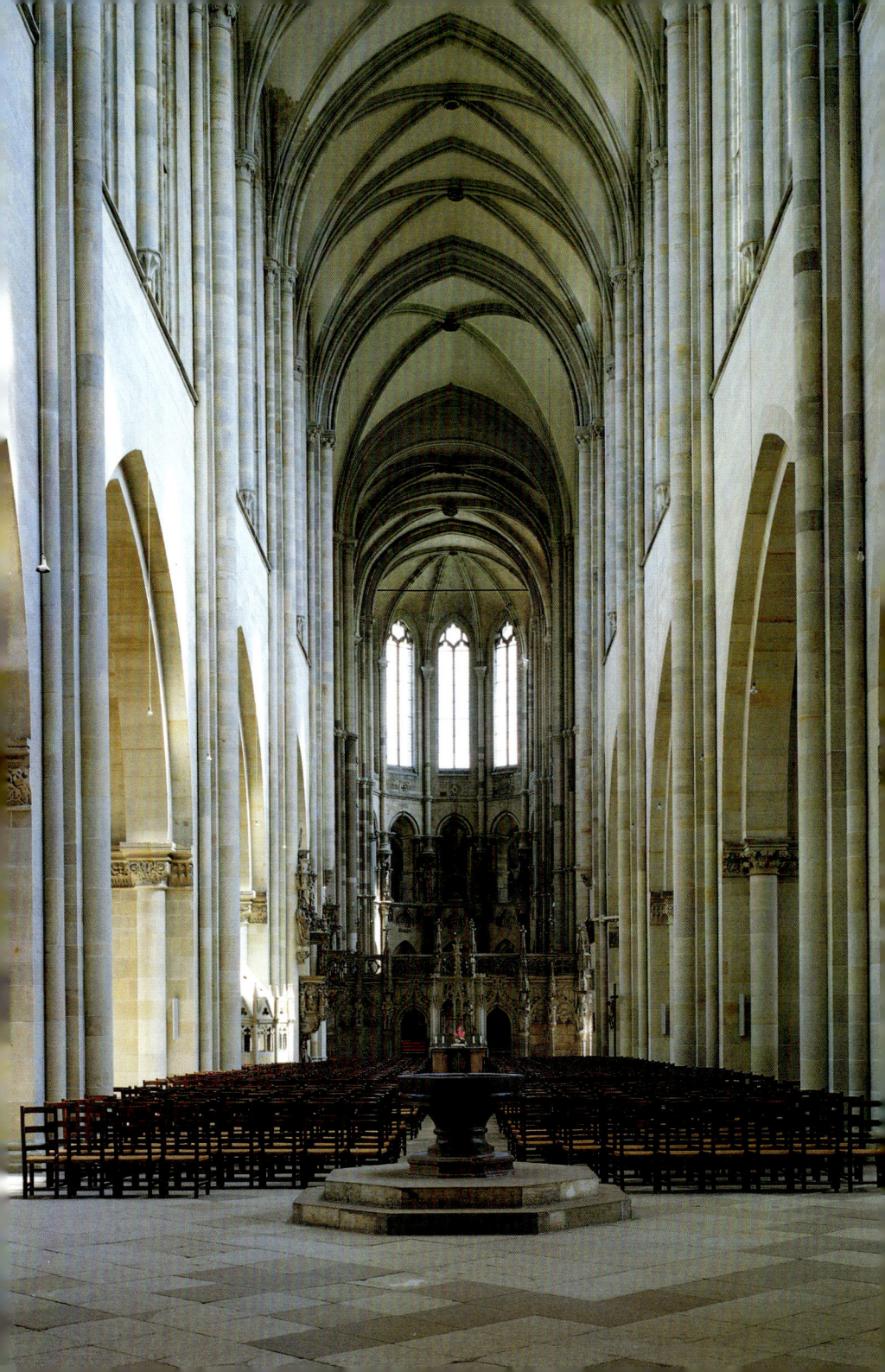

nahe Helmstedt, ein Stift, das der hl. Maria und dem hl. Pankratius geweiht war. Noch heute erhebt sich die Ruine der Stiftskirche auf dem Oval des alten Burggeländes; der verzierte Grabaufsatz, der einst das Grab Lothars II. gedeckt hatte, ist heute in der evangelischen Pfarrkirche des Ortes zu sehen.

So bedeutend Quedlinburg als Grablege des Vaters, Ort glanzvoller Hoftage und Aufenthaltsort der Mutter war, wurde es doch von Magdeburg übertroffen. Bereits 805 wurde Magdeburg im Diedenhofener Kapitular Karls des Großen als Grenzhandelsplatz erwähnt, wo ein fränkischer Beamter den Warenaustausch mit den Slawen überwachte. Die herausragende Stellung, die Magdeburg in der Königslandschaft am Harz und darüber hinaus im ganzen Reich einnehmen sollte, hatte sich bereits 929 angedeutet, als Otto der Große den Ort seiner Frau Edgith, die in der Magdeburger Tradition Editha genannt wird, als Morgengabe überreichte. Mit der Gründung des Moritzklosters im Jahre 937, das er mit Mönchen aus dem Trierer Kloster St. Maximin besetzte, erhöhte der junge König abermals den Rang Magdeburgs. Nicht weniger als 48 Urkunden stellte der König in den dreißig Jahren von 937 bis 967 für das Kloster aus, das er mit Besitztümern überaus reich beschenkte. An keinem anderen Ort nördlich der Alpen hat Otto der Große so häufig geweilt wie in Magdeburg. Zwar hielt er dort nur wenige Hoftage, doch steht die Pfalz Magdeburg mit 22 sicher belegten Aufenthalten weit vor den altehrwürdigen karolingischen Pfalzen; nur zehn Besuche sind für Ingelheim bezeugt und acht für Aachen. Als Edgith 946 starb, ließ Otto seine Frau, die er der Legende nach besonders geliebt hat, in der Kirche des Moritzklosters beisetzen. Fünf Jahre später vermählte sich der König erneut. Die Parteigänger der italienischen Königswitwe Adelheid riefen Otto den Großen im Kampf gegen deren Thronrivalen Berengar von Ivrea zu Hilfe, was dem Angebot gleichkam, die italienische Königswürde anzunehmen. Zur Befestigung seines so erworbenen Anspruchs auf die Herrschaft in Italien, heiratete er die zwanzigjährige Adelheid, die zu einer der großen ottonischen Herrscherinnen wurde.

Der Sieg Ottos I. über die Ungarn 955 in der Schlacht auf dem Lechfeld hatte das Ende der ungarischen Streifzüge in das Reich zur Folge und vermehrte das politische Ansehen des ostfränkisch-deutschen Königs beträchtlich. Sieben Jahre später, am 2. Februar 962, wurde Otto der Große in Rom vom Papst zum Kaiser gekrönt. Die Errichtung des Erzbistums Magdeburg wurde nun ein Unternehmen, das Otto mit besonderem Nachdruck betrieb. Mit dem Bau einer großen Kirche hatte er bereits 955 begonnen, doch die beabsichtigte Verlegung des Halberstädter Bischofssitzes nach Magdeburg scheiterte. Erzbischof Wilhelm von Mainz (928/29–968), der illegitime Sohn Ottos

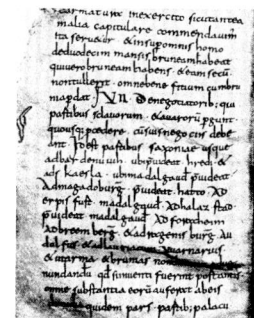

Diedenhofener Kapitular aus dem Jahr 805 mit der ersten Erwähnung Magdeburgs

links: Dom zu Magdeburg, Blick ins Mittelschiff

15

Merseburg, Dom

und jener nicht namentlich bekannten, vornehmen Hevellerin, zu dessen Kirchenprovinz Halberstadt gehörte, war nicht bereit, eine Einschränkung seines Metropolitanbereiches hinzunehmen und durchkreuzte die väterlichen Pläne. Der Widerspruch Bischof Bernhards von Halberstadt (923–968) ließ einen zweiten Versuch zur Gründung des Erzbistums scheitern. Doch im April 967 wurde auf einer Synode in Ravenna in Anwesenheit Ottos des Großen und des Papstes die Errichtung des Erzbistums Magdeburg beschlossen. Im Jahr darauf wurde dieser Beschluß in die Tat umgesetzt und das neue Erzbistum gegründet, zu dessen Kirchenprovinz die Bistümer Havelberg, Brandenburg, Merseburg, Zeitz und Meißen zählten.

Sechs lange Jahre hatte Otto der Große in Italien geweilt, als er im Sommer 972 aufbrach, um für immer in seine Heimat zurückzukehren. Er zog über die Alpen und begab sich in die karolingische Pfalz Ingelheim, wo er im September an einer Synode der Reichskirche teilnahm. Weihnachten feierte der Kaiser in der Pfalz Frankfurt am Main. Den Palmsonntag des Jahres 973 beging Otto der Große in Magdeburg, wo er am Grabe Edgiths, seiner ersten Frau, betete. Es war einsam um den alten Kaiser geworden. Seine Mutter Mathilde, mit der ihn ein schwieriges Verhältnis verbunden hatte, sowie sein Bruder und treuer Verbündeter Brun (ca. 925–965), der gelehrte Erzbischof von Köln und Herzog von Lothringen, waren in den letzten Jahren zuvor gestorben; ebenso wie der älteste Sohn, Erzbischof Wilhelm von Mainz, mit dem sich der Kaiser versöhnt hatte, und Gero, der in vielen Kämpfen bewährte Markgraf. Der Bruder Herzog Heinrich von Bayern, zuletzt ein treuer Kampfgefährte, und Liudolf (ca. 930–957), der Sohn aus der Ehe mit Edgith, der nach einem vergeblichen Aufstand gegen den Vater dessen Gnade gefunden hatte, waren schon lange zuvor ins Grab gesunken. Doch sollte ein glanzvolles Fest das Ende der Herrschaft Ottos des Großen krönen.

Von Magdeburg zog Kaiser Otto der Große nach Quedlinburg, wo er einen Osterhoftag feierte, der wie kein anderes Ereignis zuvor die europäische Dimension seiner Herrschaft versinnbildlichen sollte. Als ob sie gekommen wären, um Abschied von dem großen Kaiser zu nehmen, erschienen Gesandte der Byzantiner, Bulgaren, Russen, Beneventaner, Ungarn, Dänen und Slawen. Der Papst schickte eine Gesandtschaft, Herzog Boleslaw II. von Böhmen war persönlich erschienen und Herzog Mieszko von Polen hatte seinen Sohn Boleslaw Chobry gesandt. Auch die Großen des Reiches waren zahlreich vertreten, unter ihnen der Herzog in Sachsen Hermann Billung, ein alter Weggefährte Ottos des Großen, dessen Tod den Kaiser bald darauf betrüben sollte. Noch nach dem Hoftag, als Otto der Große Christi Himmelfahrt in Merseburg beging, erreichte ihn eine Gesandtschaft der arabischen Fatimiden aus Nordafrika und Sizilien. Am Dienstag vor Pfingsten traf der Kaiser in der Pfalz Memleben ein, dem Sterbeort des Vaters. Am Morgen des nächsten Tages, es war der 7. Mai 973, erhob sich Otto der Große in aller Frühe, um den Gesängen der Nocturn und Matutin beizuwohnen. Er begab sich noch einmal zur Ruhe, um dann die Messe zu feiern, den Armen zu spenden und ein wenig zu essen. Nachdem er noch einmal auf seinem Bett

Merseburg, Dom,
Innenansicht nach Westen

Stammtafel der Liudolfinger/Ottonen

(nach Althoff, 2000)

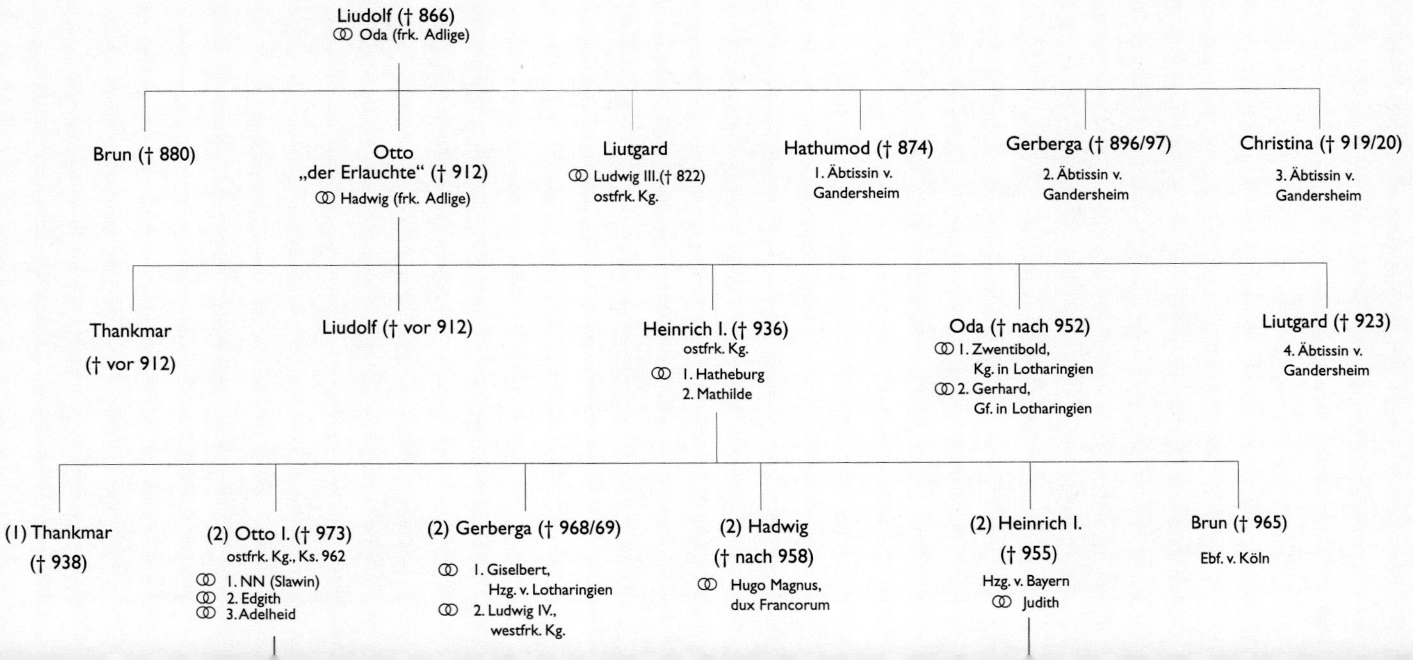

Liudolf († 866)
⚭ Oda (frk. Adlige)

Brun († 880)

Otto
„der Erlauchte" († 912)
⚭ Hadwig (frk. Adlige)

Liutgard
⚭ Ludwig III.(† 822)
ostfrk. Kg.

Hathumod († 874)
1. Äbtissin v.
Gandersheim

Gerberga († 896/97)
2. Äbtissin v.
Gandersheim

Christina († 919/20)
3. Äbtissin v.
Gandersheim

Thankmar
(† vor 912)

Liudolf († vor 912)

Heinrich I. († 936)
ostfrk. Kg.
⚭ 1. Hatheburg
2. Mathilde

Oda († nach 952)
⚭ 1. Zwentibold,
Kg. in Lotharingien
⚭ 2. Gerhard,
Gf. in Lotharingien

Liutgard († 923)
4. Äbtissin v.
Gandersheim

(1) Thankmar
(† 938)

(2) Otto I. († 973)
ostfrk. Kg., Ks. 962
⚭ 1. NN (Slawin)
⚭ 2. Edgith
⚭ 3. Adelheid

(2) Gerberga († 968/69)
⚭ 1. Giselbert,
Hzg. v. Lotharingien
⚭ 2. Ludwig IV.,
westfrk. Kg.

(2) Hadwig
(† nach 958)
⚭ Hugo Magnus,
dux Francorum

(2) Heinrich I.
(† 955)
Hzg. v. Bayern
⚭ Judith

Brun († 965)
Ebf. v. Köln

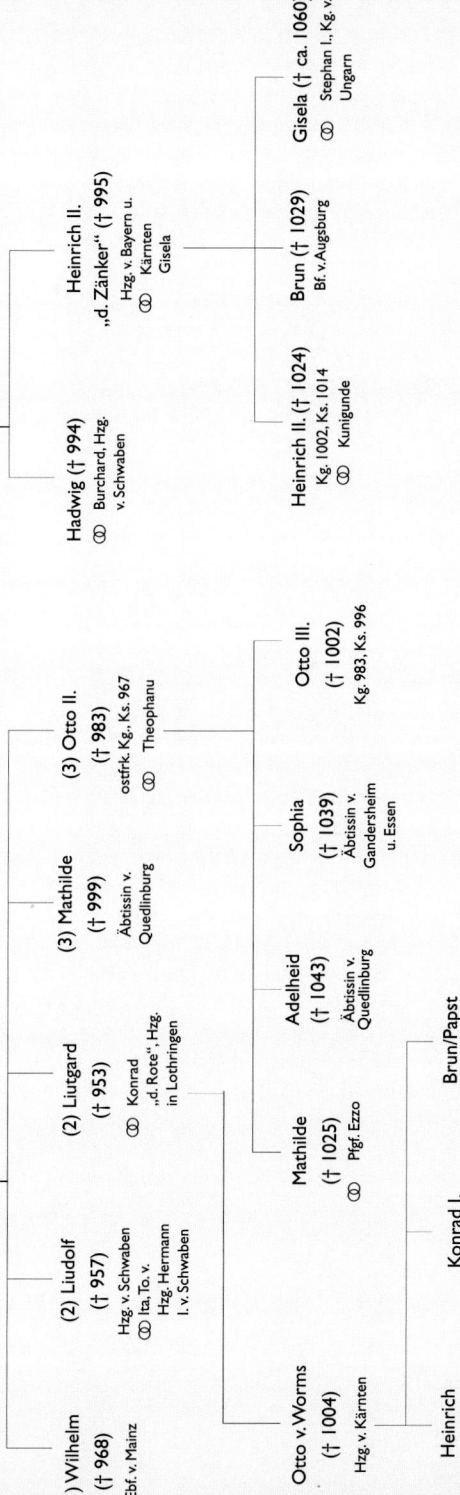

(1) Wilhelm
(† 968)
Ebf. v. Mainz

(2) Liudolf
(† 957)
Hzg. v. Schwaben
⚭ Ita, To. v.
Hzg. Hermann
I. v. Schwaben

(2) Liutgard
(† 953)
⚭ Konrad
„d. Rote", Hzg.
in Lothringen

(3) Mathilde
(† 999)
Äbtissin v.
Quedlinburg

(3) Otto II.
(† 983)
ostfrk. Kg., Ks. 967
⚭ Theophanu

Hadwig († 994)
⚭ Burchard, Hzg.
v. Schwaben

Heinrich II.
„d. Zänker" († 995)
Hzg. v. Bayern u.
⚭ Kärnten
Gisela

Otto v. Worms
(† 1004)
Hzg. v. Kärnten

Mathilde
(† 1025)
⚭ Pfgf. Ezzo

Adelheid
(† 1043)
Äbtissin v.
Quedlinburg

Sophia
(† 1039)
Äbtissin v.
Gandersheim
u. Essen

Otto III.
(† 1002)
Kg. 983, Ks. 996

Heinrich II. († 1024)
Kg. 1002, Ks. 1014
⚭ Kunigunde

Brun († 1029)
Bf. v. Augsburg

Gisela († ca. 1060)
⚭ Stephan I., Kg. v.
Ungarn

Heinrich
(† ca. 995)
⚭ Adelheid v. Metz

Brun/Papst
Gregor V. († 999)

Konrad I.
(† 1011)
Hzg. v. Kärnten

Konrad II.
(† 1039)
Kg. 1024, Ks. 1027
⚭ Gisela

Magdeburg, Dom St. Mauritius und St. Katharina, gotisches Nordportal mit den guten und törichten Jungfrauen

geruht hatte, setzte er sich wohlgelaunt an den Mittagstisch. Doch bei der Vesper, dem Abendgebet, wirkte er fiebrig und erschöpft. Als die anwesenden Fürsten dies bemerkten, ließen sie einen Stuhl herbeischaffen, auf den sie den Ermatteten niedersetzten. Der Kaiser verlor das Bewußtsein, doch kam er noch einmal zu sich und verlangte nach den Sakramenten des Leibes und des Blutes Christi. Er empfing sie und verschied unter liturgischen Sterbegesängen in großer Ruhe und ohne einen Laut der Klage.

Wir verdanken diesen Bericht dem Geschichtsschreiber Widukind von Corvey, der uns auch ein Porträt des Kaisers überliefert hat, das den Herrscher ungefähr fünf Jahre vor seinem Tode darstellt: „Er selbst also, der mächtige Herr, der älteste und beste seiner Brüder, war vor allem für seine Frömmigkeit berühmt; in seinen Vorhaben war er der Beständigste von allen; abgesehen vom Schrecken seiner königlichen Gerichtsbarkeit war er immer heiter und großzügig im Geben; er brauchte wenig Schlaf und während des Schlafens, sprach er vor sich hin, so daß es den Anschein hatte, als wache er immer. Den Freunden schlug er nichts ab und war treu über das menschliche Maß. Wir haben nämlich gehört, daß er Anwalt und Fürsprecher von Angeklagten und überführten Missetätern war und an ihre Schuld nicht glauben wollte; auch später behandelte er sie, als ob sie niemals gegen ihn etwas verbrochen hätten. Seine geistigen Fähigkeiten waren bewundernswert, denn nach dem Tode der Königin Edgith, erlernte er die Schrift so gut, daß er Bücher in großer Zahl lesen und verstehen konnte, was er zuvor nicht vermochte. Außerdem sprach er die romanische und die slawische Sprache, aber es war selten, daß er sich ihrer bediente. Er ging häufig auf die Jagd und mochte Brettspiele; mitunter übte er sich mit königlicher Würde im Reiten. Dazu kam der gewaltige Körperbau, der die ganze königliche Würde zeigte, das Haupt von ergrauendem Haar bedeckt, die Augen funkelnd und wie ein Blitz durch schnellen Widerschein einen besonderen Glanz ausstrahlend; das Gesicht war rötlich und der Bart, entgegen der alten Mode, ziemlich lang. Die Brust war mit einer Löwenmähne bedeckt und der Bauch ein wenig rund; der Gang einst rasch, war nun gemessener; seine Kleidung war die seiner Heimat, niemals legte er eine fremde Tracht an. Wann immer er die Krone zu tragen hatte, bereitete er sich durch Fasten darauf vor, wie glaubhaft überliefert wird.“

In der Nacht, die dem Tode des Kaisers folgte, entnahm man seinem toten Leib die Eingeweide und setzte sie in der Marienkirche zu Memleben bei; der Körper wurde einbalsamiert, nach Magdeburg überführt und dort beigesetzt. Der ottonische Dom brannte 1207 ab, doch noch heute steht der schlichte, von einer antiken Marmorplatte gedeckte Sarkophag Ottos des Großen im hohen Chor des gotischen Nachfolgebaues.

Otto II. war noch keine achtzehn Jahre alt, als ihm am Morgen nach dem Tode des Vaters die in Memleben weilenden Großen des Reiches huldigten und damit seine Herrschaft bestätigten. Denn der junge Mann war bereits seit seinem sechsten Lebensjahr König und als Zwölfjähriger in Rom zum Mitkaiser seines Vaters erhoben worden. Auch war er seit einem knappen Jahr mit Theophanu, der klugen und tatkräftigen Nichte des byzantinischen Kaisers Johannes Tzimiskes verheiratet. Zwar war Theophanu keine „Porphyrogenneta", d. h. sie war nicht in den kaiserlichen Porphyrgemächer geboren, doch war die Heirat des Thronfolgers mit der Griechin für die ottonische Dynastie ein großer Erfolg, bedeutete sie die Anerkennung der Kaiserwürde Ottos des Großen und seines Sohnes durch den oströmischen Kaiser. In einer der prachtvollsten Urkunden des Mittelalters wurde der Braut die überaus reiche Morgengabe bestätigt. Ausgedehnte Güter in Italien, am Rhein und in Westfalen gehörten dazu; in der ottonischen Königslandschaft wurde ihr die Pfalz Tilleda zugesprochen, die seit dem frühen 10. Jahrhundert in liudolfingischem Besitz war.

Zwar hatte Otto II. in Memleben die Huldigungen der dort anwesenden Fürsten des Reiches entgegengenommen, doch mußte er ebenso wie sein Vater seine Königsherrschaft gegen Ansprüche aus der eigenen Familie behaupten. Herzog Heinrich von Bayern (951–995), genannt der Zänker, erhob sich gegen den jungen König und Kaiser. Er war der Sohn Herzog Heinrichs von Bayern, des jüngeren Bruders und Thronrivalen Ottos des Großen. So wie sein Vater einst Otto dem Großen die Königswürde streitig gemacht hatte, so versuchte nun Heinrich der Zänker seinen Vetter vom Thron zu stoßen. Erst viele Jahre später endete der Aufstand des Zänkers, an dem sich auch die sächsischen Adligen Markgraf Gunther von Merseburg und Graf Dedi von Wettin beteiligt hatten, mit seiner Verhaftung auf dem Magdeburger Osterhoftag von 978. Auch mit äußeren Feinden hatte der junge König zu kämpfen. Gegen den dänischen König Harald Blauzahn (945–986) konnte sich Otto II. erst nach harten Kämpfen durchsetzen; ein überraschender Angriff des westfränkischen Königs Lothar (reg. 954–986) auf die Pfalz Aachen, wo Otto und Theophanu gerade weilten, zwang das herrscherliche Paar im Sommer des Jahres 978 zur überstürzten Flucht.

Die sächsische Sakrallandschaft veränderte Otto II. durch die Gründung einer Benediktinerabtei in Memleben, die zwischen 976 und 979 vollzogen wurde, und 981 durch die Aufhebung des Bistums Merseburg. Memleben sollte als ottonisches Memorialkloster dienen, also das Totengedächtnis für Otto den

S. 22–23: Stiftskirche St. Cyriakus Gernrode, Westwand des hl. Grabes

21

Kapitell im Chorumgang des Doms

Großen pflegen und das Seelenheil des Kaiserpaares fördern. Kaiserin Theophanu (950/55–991) hatte an der Stiftung und weiteren Förderung des Klosters wesentlichen Anteil; die besonders reiche Ausstattung mit Gütern im Slawenland legt nahe, daß auch die Missionierung der Elbslawen zu den Aufgaben des Konventes gehören sollte.

Die Entscheidung zur Aufhebung des Bistums Merseburg fiel in Italien, wohin sich Otto II. im November 980 in Begleitung Theophanus und seines Sohnes Otto, dem Thronfolger, begeben hatte. Adalbert, der erste Magdeburger Erzbischof, war gestorben und das Domkapitel hatte den Gelehrten Othrich, den ehemaligen Leiter der Magdeburger Domschule, zum Nachfolger gewählt. Der Kaiser setzte sich jedoch über dieses Votum hinweg und veranlaßte die Wahl des Merseburger Bischofs Giselher zum neuen Erzbischof. Die kirchenrechtlichen Bedenken, die dieser Erhebung entgegenstanden, wurden auf einer römischen Synode mit der Auflösung des Merseburger Bistums ausgeräumt. Von der Aufteilung der Merseburger Diözese profitierten die Nachbarbistümer Zeitz und Meißen; Halberstadt erhielt alten Besitz zurück. Der Geschichtsschreiber Thietmar von Merseburg, der Bischof des 1004 unter Heinrich II. wiedergegründeten Bistums, berichtet von diesen Vorgängen mit besonderem Groll und es wird vermutet, daß die zeitweilige Aufhebung seiner Diözese ihn zur Abfassung seiner Chronik motivierte.

Otto II. sollte nicht nach Sachsen zurückkehren. Sein Versuch, das südliche Italien zu erobern, endete mit einer vernichtenden Niederlage, die die Sarazenen dem kaiserlichen Heer im Sommer 982 beim Cap Colonne in Kalabrien bereiteten. Der Kaiser gab seine Eroberungspläne jedoch nicht auf. Auf einem nach Verona einberufenen Hoftag wurde um Pfingsten 983 die Fortsetzung des Kampfes gegen die Sarazenen beschlossen. Das bedeutendere Ereignis des Veroneser Hoftages war jedoch die Wahl Ottos III., zu dieser Zeit gerade drei Jahre alt, zum König; als Krönungsort wurde Aachen bestimmt. Der Sommer, der diesen italienischen Ereignissen folgte, brachte für die Königslandschaft am Harz eine einschneidende Veränderung. Die Slawenstämme jenseits der Elbe standen auf und befreiten sich von der Herrschaft durch das Reich. Die Eroberungen Heinrichs I. und Ottos des Großen gingen zum großen Teil verlustig, das Erzbistum Magdeburg verlor mit Havelberg und Brandenburg zwei Bistümer seiner Kirchenprovinz und Magdeburg wurde wieder zu einem Grenzort. Die Anwesenheit des Kaisers war jetzt in Sachsen gefordert, doch eine Erkrankung, möglicherweise die Malaria, hielt Otto II. in Italien fest. Ungeduldig unterzog er sich einer Gewaltkur, die seinen Zustand noch verschlimmerte. Am 7. Dezember 983 verstarb er in Rom im Alter von nur 28 Jahren; sein Grab fand er in der Vorhalle der Peterskirche im Vatikan.

Die Nachricht vom Tode des Kaisers traf wenige Tage nach der Krönung Ottos III. in Aachen ein und erneut trat Herzog Heinrich II. von Bayern, der Zänker, auf den Plan. Er beanspruchte die Regentschaft, ließ sich den gekrönten Knaben übergeben und begab sich mit ihm nach Sachsen. In Magdeburg beging er, wie vor ihm Otto der Große, den Palmsonntag. In der Krise, die der Tod des Kaisers und der Slawenaufstand ausgelöst hatten, sah der Zänker die Chance, nach der Krone zu greifen, schienen die Umstände doch die Hand eines Königs zu erfordern und nicht die schwächere Macht eines Regenten. Er zog nach Quedlinburg, wo er in der Tradition Heinrichs I. und Ottos des Großen das Osterfest feierte und sich, die Gunst der Stunde nutzend, von seinen Parteigängern als König huldigen ließ. Doch konnte sich Heinrich der Zänker nur für kurze Zeit als König wähnen. Vor der Übermacht der Gegner kapitulierte der Zänker und übergab im Juni 984 in der thüringischen Pfalz Rohr den jungen König an seine Mutter. Zwei Jahre später wußte Theophanu, die die Regentschaft für ihren Sohn übernommen hatte, die Königshuldigung, welche dem Zänker entgegengebracht worden war, durch die Inszenierung des Quedlinburger Osterhoftages von 986 aufzuheben. In Erinnerung an das Aachener Krönungsritual Ottos des Großen versahen vier Herzöge die Hofdienste für den Königsknaben: Herzog Heinrich der Zänker diente dem jungen König als Truchseß an der Tafel, Konrad von Schwaben als Kämmerer, Heinrich der Jüngere von Kärnten als Mundschenk und Bernhard von Sachsen als Marschall.

Nach dem Tode Theophanus übernahm Kaiserin Adelheid die Regentschaft für ihren Enkel, der ab 994 selbständige Entscheidungen zu treffen begann. Zwei Jahre später brach Otto III. zu seinem ersten Italienzug auf. In Rom erhob er seinen Hofkapellan Brun, einen Urenkel Ottos des Großen, zum Papst, der als Gregor V. den päpstlichen Stuhl bestieg. Nur wenige Tage später am 21. Mai 996, auf Christi Himmelfahrt, empfing Otto III. aus der Hand Gregors V. die Kaiserkrone. Im Frühjahr 997 war Otto III. wieder in Sachsen. In Magdeburg veranstaltete der hochbegabte junge Herrscher eine gelehrte Disputation, zu der Gerbert von Aurillac, einer der größten Gelehrten seiner Zeit und künftiger Berater des Kaisers, geladen war. Otto III. löste sich von der alten Königslandschaft. Sein Ziel, die „Renovatio Imperii Romanorum", die Erneuerung des römischen Reiches führte ihn nach Italien, wo er in der Burg Paterno nahe bei Rom am 24. Januar 1002 im Alter von 21 Jahren verschied. Auf eigenen Wunsch wurde er in Aachen in der Nähe Karls des Großen bestattet.

Merseburg, Schloßhof

Als Nachfolger des kinderlos verstorbenen Ottos III. setzte sich Herzog Heinrich von Bayern, der Sohn des Zänkers, durch. Mit der Krone erlangte er, was der Vater und der Großvater vergeblich erstrebt hatten. Obgleich er bereits von den Vertetern der anderen Stämme des Reiches anerkannt war, mußte er sich in Merseburg der Nachwahl durch die geistlichen und weltlichen Fürsten Sachsens stellen. Nachdem er gelobt hatte, das sächsische Recht zu achten, huldigten ihm auch die sächsischen Großen. Der Tod Erzbischofs Giselher von Magdeburg machte 1004 den Weg für die Wiederbegründung des Bistums Merseburg durch Heinrich II. frei. Noch auf dem Totenbett hatte sich Giselher, der vormalige Bischof von Merseburg, der Wiedereinrichtung seiner alten Diözese verweigert, da er hierin eine Gefährdung seiner erzbischöflichen Befugnisse sah. Als zweiter Bischof nach der Wiederherstellung des Bistums wurde 1009 der Magdeburger Kanoniker Thietmar aus der Familie der Grafen von Walbeck eingesetzt; seine in den Jahren von 1012 bis 1018 verfaßte Chronik gehört zu den wichtigsten Quellen des 10. Jahrhunderts. Merseburg wurde zur bevorzugten Pfalz Heinrichs II., der sich mindestens 26 Mal dort aufhielt. Er begründete damit eine Tradition, die von seinen Nachfolgern aus anderen Köngshäusern aufgenommen wurde. Bis zum Jahr 1252 sind für Merseburg 69 Königsaufenthalte bezeugt und nicht weniger als 26 Hoftage wurden hier abgehalten.

Das östliche Sachsen war Ausgangspunkt der zahlreichen Feldzüge Heinrichs II. gegen den polnischen Herzog Boleslaw I. Chobry. Besonders das Bündnis mit den heidnischen Lutizen, das er dabei einging, rief in Sachsen Widerspruch hervor. Der hl. Brun von Querfurt (974–1009) wandte sich 1008 in einem Brief an Heinrich II. und mahnte ihn, von einem weiteren Vorgehen gegen Boleslav abzusehen. Zwar nannte Heinrich, wie Thietmar von Merseburg in seiner Chronik berichtet, Sachsen einen „blumengeschmückten Palast", doch wandte er sich mit der Gründung des Bistums Bamberg 1007 innerlich von der alten Königslandschaft ab. In Bamberg bereitete er sich sein Grab und wurde dort auch beigesetzt, nachdem ihn am 13. Juli 1024 in der Pfalz Grone, heute im Stadtgebiet von Göttingen gelegen, der Tod ereilt hatte. Mit Heinrich II., der keine Nachkommen hinterließ, starb das liudolfingisch-ottonische Herrschergeschlecht im Mannesstamme aus.

Ottonische Kunst und Architektur

Da die Zeugen ottonischer Kunst nicht in großer Zahl auf uns gekommen sind, erschließt sich uns diese Kultur nicht sehr einfach. Zwischen der karolingischen Kunst, die unter Karl dem Großen eine feste, ideologisch untersetzte Ausprägung erhielt, und der hoch- und spätromanischen Kunst, die vor allem mit den Herrscherhäusern der Salier und Staufer in Verbindung zu bringen ist, läßt sich die frühromanische Kunst, die in Deutschland und Oberitalien jene als ottonisch bezeichnete Ausprägung erhielt, nicht so einfach fassen. Umso wichtiger ist der einmalige und dichte Bestand ottonischer Kunst und Architektur in Sachsen-Anhalt, dem Kernland der neuen, epochemachenden Kunstausrichtung. Während sich das Zentrum karolingischer Herrschaft und damit auch Kunst im Rheinland und in Süddeutschland befand und sich bereits unter den Saliern wieder dorthin verschob, verlagerte sich das Macht- und Kunstzentrum unter den Ottonen nach Sachsen. Vom kaiserlichen Stammland aus wurden aber auch die alten Kulturzentren des Reiches, Fulda, Essen, Köln, Trier, Regensburg oder Reichenau weiter bedient. Gerade unter den durch das ottonische Reichskirchensystem gebundenen Bischöfen entstanden regionale Schwerpunkte ottonischer Kunst.

Hier sind vor allem solch bedeutende Kleriker wie Gero als Erzbischof von Köln (reg. 969–976), Egbert als Erzbischof von Trier (reg. 977–993) oder Bernward als Bischof von Hildesheim (reg. 993–1022) zu nennen. Dabei spielen gerade familiäre Bindungen eine entscheidende Rolle bei der Entwicklung eines eigenen ottonischen Stils: so zu sehen in Köln unter Erzbischof Bruno (reg. 953–965), Bruder Ottos des Großen, in Mainz unter Erzbischof Wilhelm (reg. 954–968), Sohn Ottos des Großen, in Gandersheim unter Äbtissin Sophia (reg. 1001–1039), Tochter Ottos II. oder noch in Essen unter Äbtissin Theophanu (reg. 1039–1058), Enkelin Ottos II. Hier wurden italienische, englische oder byzantinische Einflüsse eigenständig verarbeitet, um den ottonischen Herrschern, aber auch den auf sie bezogenen kirchlichen Mäzenen einen eigenständigen künstlerischen Ausdruck ihrer Macht zu verleihen.

In der Baukunst begann sich ein für die Architektur bis zur Gotik verbindlicher Kirchentypus herauszubilden: im hochromanischen Idealfall eine kreuzförmige, dreischiffige Basilika mit zwei Querschiffen und zwei ausgeschiedenen, also als selbständige Raumeinheiten behandelte Vierungen mit darüber befindlichen Türmen. Das Langhaus besaß einen Stützenwechsel von einer Säule und einem Pfeiler bzw. von zwei Säulen und einem Pfeiler. Als Bekrönung dienten neu entwickelte Würfel-, Trapez- und Pilzkapitelle. Entweder endete die Kirche in zwei Chören oder in einem Ostchor und einem Westbau mit zwei seitlichen runden Treppentürmen. Der Außenbau der Kirchen gliederte sich also in lebhaften, höhenmäßig gestaffelten Kuben. Der Grundriß wurde nach dem gebundenen System gestaltet, was bedeutet, daß sich alle Teile des Kirchengebäudes aus dem Quadratgrundriß der Vierung heraus entwickelten. Im Innenraum sind ungegliederte Wandflächen charakte-

Gernrode, Stiftskirche St. Cyriakus, Ansicht von Nordwesten

*Quedlinburg: Putto im
Schloßgarten*

Quedlinburg: Schloßgarten

ristisch, die in der Regel mit Wandmalereien bedeckt waren, und flache Holzdecken. Einen ideal rekonstruierten Eindruck früh- bzw. spätottonischer Kirchenbaukunst bieten heute die unter Brun begonnene Benediktinerklosterkirche St. Pantaleon in Köln (953ff.) bzw. die unter Bernward errichtete Benediktinerklosterkirche St. Michael in Hildesheim (1010–1033). Wie geistige und künstlerische Wechselwirkungen zu ottonischer Zeit über weite Entfernungen hinweg wirken, zeigen auch diese beiden Bauten. Für seine wichtige Klostergründung in St. Michael beruft Bernward 996 den erfahrenen Propst Goderamus von St. Pantaleon als ersten Abt.

Eine entscheidende Rolle in der Entwicklung der ottonischen Kirchenbaukunst auch in Sachsen spielt dabei die bisher stiefmütterlich behandelte Benediktinerklosterkirche St. Maximin in Trier. Die dortige Abtei war in der zweiten Hälfte des 10. Jahrhunderts das Zentrum der vom lothringischen Kloster Gorze ausgegangenen Erneuerung des Mönchstums. Gerade die Ottonen verbreiteten die im Reichskirchensytem verankerte Gorze-Maximiner Reform im ganzen Reich. Brun von Köln berief nach 955 als ersten tatkräftigen Abt von St. Pantaleon den Maximiner Mönch Christian; sein Bruder Otto der Große hatte bereits 937 dreizehn Maximiner Mönche in seine Neugründung St. Mauritius in Magdeburg gerufen. Bereits ihr Vater Heinrich I. hatte 934 die Abtei als reichsunmittelbares Kloster wiederhergestellt, indem er seinen als Laienabt regierenden Schwiegersohn und somit Schwager der Vorgenannten, Herzog Giselbert von Lothringen († 939), durch den Regularabt Ogo I. (reg. 934–945) ersetzte. Dieser war es auch, der zwischen 934 und 952 den ottonischen Neubau von St. Maximin in Trier errichtete. Der aus lothringischem Adel stammende Adalbert sah wiederum als junger Mitarbeiter der Kölner Reichskanzlei unter Bruns Förderung (953–959) den Neubau von St. Pantaleon, als Mönch in St. Maximin (959 bis 961) den dortigen Kirchenbau, und wird nach verschiedenen Diensten unter Wilhelm von Mainz und Otto dem Großen von dem letzteren zum ersten Magdeburger Erzbischof berufen (968–981), um seine geistigen und künstlerischen Erfahrungen im heutigen Sachsen-Anhalt einzubringen. Unter ihm erlebte Magdeburg, auch im Bereich der Bildung (Domschule) und Geschichtsschreibung, eine erste große kulturelle Blüte.

Auch in der Bildhauerkunst verlor sich der enge Anschluß an antike Vorlagen. Es entstanden Kultbilder aus Holz, wie das einmalige, überlebensgroße Gerokreuz des Kölner Domes, dessen Auftraggeber Erzbischof Gero mehrfach als Kunstmäzen tätig wurde. Als Neffe des Markgrafen Gero von Gernrode führte er 972 die Gesandtschaft zur Einholung der Theophanu als Braut Ottos II. aus Byzanz und gründete mit seinem Bruder zusammen in Sachsen-Anhalt das Bendiktinerkloster

Nienburg (Thankmarsfelde). Neu bei der ältesten erhaltenen ottonischen Großplastik des Gerokreuzes ist die expressiv-lebendige Wirklichkeitserfassung des Leidens Christi, die bis in spätottonische Zeit und weit über Köln hinaus wirkte. Bedeutend sind auch die um 1015 entstandenen, an der Antike orientierten Werke bernwardinischen Bronzegusses in Hildesheim. Die mit halbplastischen Bildzyklen überzogenen Bernwardstür und Kreuzsäule für Bischof Bernwards Grabkirche St. Michael (heute Dom) sind einmalige und früheste Denkmale des mittelalterlichen Bronzegusses in Europa.

In den Klöstern, voran die in Lüttich, Echternach, Trier, Metz und Reichenau, entstehen herausragende Elfenbeinschnitzereien für Reliquienkästen, Buchdeckel und Antependien (Altarvorsätze). Sie knüpfen an karolingische Vorbilder an, nehmen aber auch byzantinische Anregungen auf. Wertvollstes Stück nach Qualität und Größe ist dabei das Magdeburger Altarantependium. Die im Auftrag Ottos des Großen um 962/973 in Mailand für den Magdeburger Dom geschaffene Altarschauwand bestand ursprünglich aus ungefähr 40–50 Elfenbeinplatten, von denen sechzehn Tafeln auf sieben Museen der Welt verstreut erhalten sind. Ein Elfenbein zeigt Otto den Großen als Kaiser mit dem Magdeburger Kirchenmodell, das er – geleitet vom heiligen Bistumspatron Mauritius – Christus selbst darbringt. Eine außerordentliche Lebendigkeit des Gebärdenspiels kennzeichnen nicht nur die Bronze- und Elfenbeinreliefs, sondern auch die Reliefs der Goldschmiedekunst. Hochrangige Goldschmiedearbeiten wurden besonders in Essen, Köln, Aachen, Trier, Regensburg und Hildesheim geschaffen. Hervorzuheben sind davon die erhaltenen Werke der Trierer Egbert-Werkstatt (980/ 990) und die der Stiftungen Heinrichs II. (1020) für Aachen (Ambo und Pala d'Oro) und Basel (Antependium).

Wichtigster, bis heute erhaltener Teil der ottonischen Malerei ist die Buchmalerei. In ihrer Vergeistigung und ihrer Neigung zur Monumentalität ist sie wesentlich von der Aussagekraft der Gebärde und dem Verzicht auf Ornamentalisierung bestimmt. Neben der Malschule der Reichenauklöster und der um den Gregormeister in Trier waren die Skriptorien (Schreibschulen) in Echternach, Regensburg, Köln, Fulda und Hildesheim von besonderer Bedeutung. Beispiele ottonischer Wandmalerei, die stilistisch und thematisch in engem Zusammenhang mit der Buchmalerei stehen, haben sich in der Klosterkirche St. Georg in Oberzell auf der Reichenau (um 990) und in der Krypta von St. Maximin in Trier (um 940/950) erhalten.

Zeitz, Dom St. Peter und Paul, Krypta

Reisen im frühen Mittelalter

Reisen bedeutete eine besondere Mühsal. Die Straßen des frühen Mittelalters waren in den Bergen schmale Pfade, die manchmal nicht einmal genug Platz für einen Karren boten, oder sie schnitten als Hohlwege oft metertief in das Gelände ein; in der Ebene verbreiterten sie sich zu unbefestigten Trassen. Sie verliefen am Rande von Höhenzügen, um unwegsamen Niederungen auszuweichen, oder folgten dem Verlauf eines Gebirgskammes. Flüsse boten vergleichsweise bequeme Möglichkeiten für den Transport von Menschen und Waren. Doch waren Gewässer oft unüberwindliche Hindernisse. Die Flüsse strömten gänzlich unreguliert in breiten Betten dahin, sie wurden von unwegsamen Auwäldern und Altarmen begleitet, zumeist waren sie nur an Furten zu überqueren. Als König Heinrich I. die slawischen Heveller in ihrer Hauptburg, der Brandenburg, angriff, tat er dies im Winter, der die zahlreichen Gewässer, die im Sommer die Burg schützten, zufrieren ließ und damit passierbar machte. Auch Feldzüge waren Reisen, denn das Wort „reisen", bedeutet ursprünglich „einen Kriegszug unternehmen". Besonders wer allein auf Reisen ging, war außerhalb der vertrauten Gemeinschaft unbehaust und manchmal gefährdet; er begab sich ins „Elend", wie das althochdeutsche Wort für die Fremde lautet.

Dennoch waren Angehörige aller Bevölkerungsgruppen unterwegs. Missionare reisten, um den christlichen Glauben zu verbreiten; Bischöfe und Äbte zogen zu Kirchenversammlungen; Fernhändler waren über weiteste Strecken unterwegs; höchst unfreiwillig reisten Sklaven, die an Fesseln durchs Land geführt wurden; einfache Leute waren im Gefolge der Großen unterwegs. Auch schiere Not zwang zum Reisen, so berichtet Thietmar von Merseburg, daß 800 Leibeigene des Bischofs von Metz aus Hunger ihre Heimat verlassen hätten und fortgezogen seien. Pilger reisten, um Reliquien zu erlangen. Graf Liudolf und seine Gemahlin Oda zogen 845/46 nach Rom, um Reliquien der heiligen Päpste Anastasius und Innozenz für das von ihnen gegründete Kloster Gandersheim herbeizuholen; zugleich erhielten sie von Papst Sergius II. Dispens, dafür daß ihre minderjährige Tochter Hathumod als Äbtissin des Konventes eingesetzt wurde. Markgraf Gero pilgerte 950 und 960 nach Rom und erlangte dort für seine Gründung Gernrode Reliquien des hl. Cyriacus.

Der König und Kaiser herrschte vom Sattel aus. Seine Macht war an sein persönliches Erscheinen gebunden. Ein neugewählter König tat gut daran, sich auf einem Umritt durch das Reich zu zeigen, um seine Herrschaft zu demonstrieren und damit zu festigen. Hohe Feiertage boten die Gelegenheit, die

Mächtigen und das Volk mit einer herrscherlichen Glanz verbreitenden Festkrönung zu beeindrucken, bei der der König unter der Krone ging. Der ferne Herrscher konnte schnell zum schwachen Herrscher werden. Selbst Otto der Große mußte diese Erfahrung machen. Als er von Italien aus die Fortsetzung des Krieges gegen die slawischen Redarier befahl, setzte sich der sächsische Stammeslandtag, der 968 zu Werla tagte, über diese Weisung hinweg.

Der König reiste nicht allein, sondern in Begleitung des Hofes. Zum Hofstaat zählten die Beamten, die als Marschall, Kämmerer, Mundschenk und Truchseß den Hof verwalteten; einen herausgehobenen Status besaßen die Angehörigen der Hofkapelle, die den Gottesdienst versahen und als Kanzleibeamte dienten. Dazu kamen zufällig anwesende Fürsten, Gesandte, vornehme Geiseln wie Fürst Tugumir und seine Schwester am Hofe Heinrichs I., Bittsteller, Krieger für die persönliche Sicherheit des Königs, sowie eine große Zahl von Knechten und Mägden. Wieviele Personen der Hofstaat umfaßte, ist schwer zu sagen. Entsprechende Schätzungen schwanken zwischen 200 und 1000 Personen. Pfalzen, die eine Kapelle, eine große Königshalle, Gemächer für den König und zahlreiche Nebengebäude boten, sowie kleinere Königshöfe dienten als Reisestationen; aber auch Reichsklöster und Bischofssitze mußten den König und seinen Hof aufnehmen. Die Versorgung so vieler Menschen an einem Ort war aufwendig. Häufig zitiert wird in diesem Zusammenhang eine Stelle aus dem Werk des sogenannten Sächsischen Annalisten, wo es heißt, daß der königliche Hof täglich tausend Schweine und Schafe, zehn Fuder Wein und Bier, tausend Malter Getreide, acht Rinder, unzählige Hühner, Ferkel und Fische sowie Eier und Gemüse verbraucht habe. Mittelalterliche Autoren hatten ein gebrochenes Verhältnis zu Zahlen und die Angabe „tausend" kann einfach „sehr viel" heißen, dennoch veranschaulichen diese Angaben, welche logistischen Fähigkeiten gefordert waren, um die Versorgung des Hofes zu gewährleisten. Pfalzen gab es nicht in allen Teilen des Reiches, sondern sie konzentrierten sich in bestimmten Regionen; ihre Lage bestimmte die Reisewege der Könige. Die großen karolingischen Pfalzen lagen an Rhein und Main, die ottonischen hingegen, altes karolingisches Reichsgut und liudolfingischen Besitz vereinigend, verdichteten sich zur Königslandschaft zwischen Harz, Elbe und Saale.

Gernrode, Stiftskirche, Teufel auf der Tumba des Gero

Benediktinerstiftskirche St. Marien und Pankratius in
Walbeck

Auf halber Strecke zwischen Braunschweig und Magdeburg, nur wenige Kilometer von Helmstedt liegt am Oberlauf der Aller das Dorf Walbeck. Eine mehr als 20 Meter hohe, circa 200 Meter lange und bis zu 70 Meter breite ovale Bergkuppe ragt steil über dem Flußtal auf. Bereits von weitem ist die Ruine der Stiftskirche St. Marien, die diesen Hügel bekrönt, zu erblicken.

Hier stand einst die Burg der Grafen von Walbeck, die zu den angesehensten und bedeutendsten sächsischen Adelsgeschlechtern ihrer Zeit gehörten. Der erste sicher bezeugte Vertreter des Geschlechtes war Heerführer Lothar I., der 929 in der Schlacht bei Lenzen an der Elbe gegen die slawischen Redarier fiel. Sein Sohn Graf Lothar II. von Walbeck (†964) verschwor sich zu Pfingsten 941 mit anderen sächsischen Adligen, um Otto den Großen zu töten und dessen ehrgeizigen Bruder Heinrich zum König zu erheben. Die Verschwörung wurde jedoch aufgedeckt, viele der Beteiligten verhaftet und hingerichtet. Graf Lothar II. kam jedoch mit dem Leben davon und wurde von Otto dem Großen im vollen Umfang begnadigt. Als Sühne für seine Tat gründete Lothar II. in seiner Burg um 942 ein Kollegiatsstift. Das mit Benediktinern besiedelte Kloster diente gleichzeitig als Grablege des Stifters und seiner Familie.

„Mein Großvater Liuthar [...] dachte nach dem Vergehen, das er sich gegen seinen Herrn und König [Otto den Großen] hatte zu Schulden kommen lassen, ernstlich daran, von diesem Makel sich zu reinigen. Daher erbaute er an einem Orte, namens Walbeck, der heiligen Mutter Gottes zu Ehren ein Kloster, in welches er den Williges als Propst einsetzte, in dem er den Brüdern zu Kleidung und Nahrung den zehnten Teil seines Vermögens schenkte".

Thietmar von Merseburg, Chronik

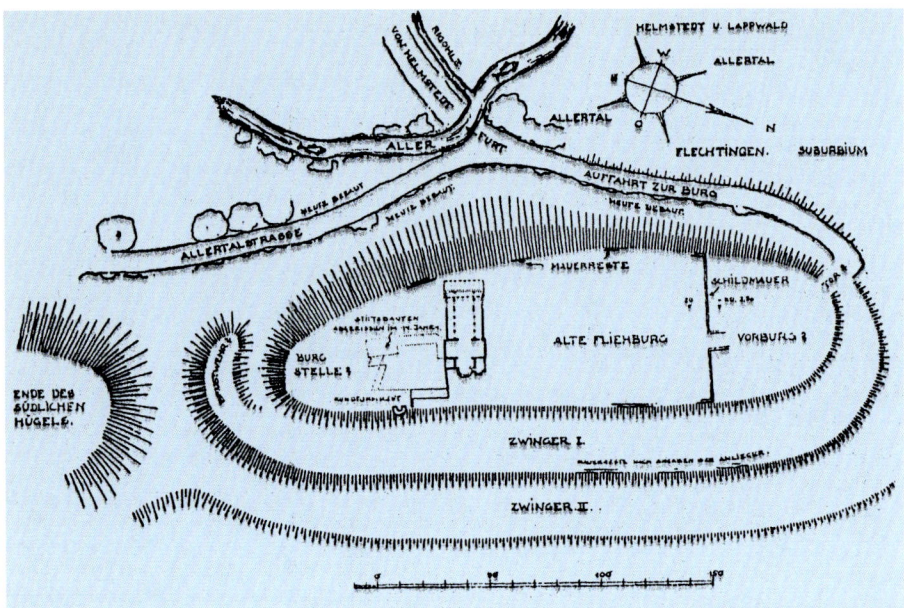

Grundriß von Burg-und Klostergelände Walbecks mit Stiftskirche in der Mitte (nach Feldtkeller, 1937)

Seite 33: Grabaufsatz Graf Lothars II. von Walbeck in der Dorfkirche

Detail des Grabaufsatzes Graf Lothars II.

Graf Lothar III, der Sohn Lothars II., stieg zum Markgraf der Nordmark auf und hatte wesentlichen Anteil daran, daß Heinrich II. 1002 zum König gewählt wurde. Der bedeutendste Angehörige des Geschlechtes war der Geschichtsschreiber Thietmar von Merseburg (975–1018), der Enkel des Gründers. Seine Chronik gehört zu den bedeutendsten Geschichtswerken des Mittelalters und gewährt uns einen tiefen Einblick in die ottonische Epoche.

Zwischen 942/943 und 964, dem Todesjahr Graf Lothars II., wurde der ottonische Gründungsbau der Stiftskirche fertiggestellt und der hl. Maria und dem hl. Pankratius geweiht. Die Kirche wurde quer auf dem längsgerichten Bergareal errichtet. An dessen Südseite, die steil zur Aller abfällt, befand sich wahrscheinlich die geschützte Burganlage. Die Kirche sowie die Stiftsgebäude, die einen wehrhaften Charakter erhielten, wurden als nördliche Flanke der Befestigung erbaut. Um das Gotteshaus in die bestmögliche Grundrißdisposition der Burganlage einzubinden, wurde eine starke Abweichung von der vorgeschriebenen Ausrichtung des Chores nach Osten in Kauf genommen.

Der Gründungsbau war wahrscheinlich ein kurzer vierjochiger, aber breiter flachgedeckter Saalbau, an den sich ein um drei Stufen erhöhtes Querhaus und ein nochmals erhöhter rechteckiger Chor mit leicht eingezogener Halbkreisapsis anschloß. Die Anlage war aus Hau- und Bruchsteinmauerwerk errichtet, dessen Reste sich als aufgehendes Mauerwerk und als Fundamente an Langhaus-, Querhaus- und Chorwänden erhalten haben. Der Fußboden lag ursprünglich höher und die Kirche war nicht wie heute über mehrere Stufen hinunter zu begehen. Den Westabschluß des Baues bildete vermutlich eine schlichte Giebelwand. Im Zentrum der Anlage, in der Vierung der Kirche, wurde bei Ausgrabungen in den dreißiger Jahren des 20. Jahrhunderts die Grabplatte des Stifters gefunden, die in der Walbecker Dorfkirche zu besichtigen ist. Eine leichte Erdsenkung kennzeichnet noch heute die Fundstelle. In seiner Grunddisposition, insbesondere bei Querhaus, Chor und Apsis, ist der Gründungsbau bis heute auf uns gekommen, wodurch er eine der bedeutendsten erhaltenen ottonischen Kirchenanlagen darstellt. Vermutlich bereits um 1000 wurde das Langhaus nach Westen verlängert und gegen 1100 durch einen Westquerbau mit einem wehrhaften Turmaufbau und einer Emporenanlage geschlossen. Zuvor wurde der Saalbau zu einer dreischiffigen Pfeilerbasilika umgestaltet.

Nach Auseinandersetzungen zwischen dem welfischen Kaiser Otto IV. und dem Erzbischof von Magdeburg schlossen Ottos Nachfolger, Kaiser Friedrich II. von Hohenstaufen, und der Halberstädter Bischof auf dem Reichstag in Goslar 1219 einen Vergleich, der die Zerstörung der Burg Walbeck vorsah und einen Wiederaufbau ausschloß. Die Burg, die Stiftsgebäude und vermutlich der wehrhafte Westbau der Kirche wurden dar-

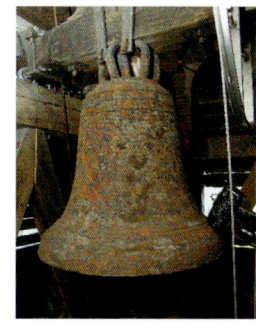

Älteste Glocke in der Dorfkirche Walbeck

Blick in Langhaus und Vierung der Stiftskirche

Gesamte Südseite der Stiftskirche mit Blick aus der ehemaligen Burganlage

S. 37 oben: Blick durch ein Fenster an der Südwand nach Norden

S. 37 unten: Blick auf die Gemeinde Walbeck von der Stiftskirche aus

aufhin weitgehend niedergelegt. Von der Burganlage sind im Gelände noch geringe Reste ablesbar. Mit der Vereinnahmung Walbecks 1224 durch das Halberstädter Domkapitel, das nun auch die Pröpste stellte, endete die eigenständige Geschichte des Stiftes. Nachdem es 1591 in ein evangelisches Stift umgewandelt worden war, bestand Walbeck bis zu seiner Aufhebung 1810 fort. Die Stiftskirche verfiel im 19. Jahrhundert zur Ruine und wurde als Steinbruch genutzt. Obwohl bereits der erste preußische Konservator, Ferdinand von Quast, das Gebäude um 1850 rekonstruieren wollte, wurde die Ruine erst ab 1900 gesichert und erforscht.

Der in den dreißiger Jahren des 20. Jahrhunderts aufgefundene Grabaufsatz Graf Lothars II. von Walbeck war im 18. Jahrhundert in die Grabkammer, über der er aufgestellt war, durch-

Seitenschiffarkaden im Langhaus

Anschrift
Dorfkirche St. Michaelis
39356 Walbeck

Öffnungszeiten
nur nach Voranmeldung bei der
Bürgermeisterin oder in der
Heimatstube, Ruine immer frei
zugänglich

Eintrittspreise
keine

Führungen
nur nach Voranmeldung

**Ansprechpartner für
Führungen**
Jutta Pätz
Kantorat
39356 Walbeck
Tel.: (039061) 40 20
oder 26 03

Ausstellungen
Ausstellung in der Heimatstube,
die sich mit der Geschichte des
Walbecker Grafengeschlechts und
der Stiftskirche befaßt

Anreise mit ÖPNV
Busverbindung von Haldensleben
und Helmstedt aus

Parkplätze
10 Plätze für PKW, 3 für Busse

gebrochen und blieb auf diese Weise erhalten. Der 12 Zentner schwere Gipsgußblock kann in der neoromanischen Dorfkirche von Walbeck als einer der ganz wenigen erhaltenen fürstlichen Grabmäler der Ottonenzeit besichtigt werden. Der Grabaufsatz aus frühmittelalterlichem sächsischen Stuck war auf der Oberseite von zwei Alabasterplatten geschmückt, die von einem Dreiecks- und Weinlaubrankenfries umrahmt wurden. Um die circa 50 cm hohen Seiten laufen flache Rundbogenarkaden. Reste einer roten und schwarzen Farbgebung sind deutlich zu erkennen und zeugen von der künstlerischen Heraushebung des Stiftergrabes sowie der politischen Bedeutung des Stifters.

Dom St. Stephanus und Sixtus in
Halberstadt

Alfurtested/ Halberstadt tritt um 804 in die Geschichte ein, als Kaiser Karl der Große das von ihm um 780 gegründete Missionsbistum in Seligenstadt/ Oster- wieck wegen der strategisch günstigeren Lage an der Furt durch die Holtemme hierhin verlegt. Das bis zur Grün- dung des Erzbistums Magdeburg größte sächsische Bistum erstreckte sich von der Unstrut bis zum Aland und von der Elbe bis zur Aller. Bischof Bernhard von Halberstadt war der bitterste Gegner Ottos des Großen, als der Kaiser daranging, das Erzbistum Magdeburg zu gründen. Zu Recht fürchtete Bischof Bernhard um Einfluß und Größe seines Bistums. Tatsächlich gelang die Gründung des Erzbistums erst, als Bernhard 968 starb. Sein Sarkophag wurde 1952 bei Ausgrabungen gefunden und steht heute im nördlichen Chorumgang; die lateinische Inschrift lautet übersetzt: „Am 3. Februar starb Bischof Bern- hard, der hier ruht." Bernhards Nachfolger Hildeward willigte in die Gründung des Erz- bistums ein und trat Gebiete an Magdeburg ab. Nach Verleihung des Markt-, Münz- und Zollrechts 989 an Bischof Hildeward durch Otto III. erfuhr Halberstadt als Handelsplatz einen raschen Aufstieg. Als reiche und in der Region mächtige Hansestadt betreibt Halber- stadt mit England, Flandern und den Nieder- landen Handel. Seit 1521 beginnt sich in der Stadt die Reformation durchzusetzen; im Dom- stift wird sie erst 1591 durch Bischof Heinrich Julius, Herzog von Braunschweig, eingeführt. In den Jahren von 1804 bis 1811 erfolgt in der nun- mehr preußischen Stadt die Aufhebung der Stifte und Klöster. Die Altstadt Halberstadts besaß eines der bedeutensten Fachwerkensembles in Deutschland, bis ein Luftangriff am 8. April 1945 die fast vollständige Zerstörung brachte.

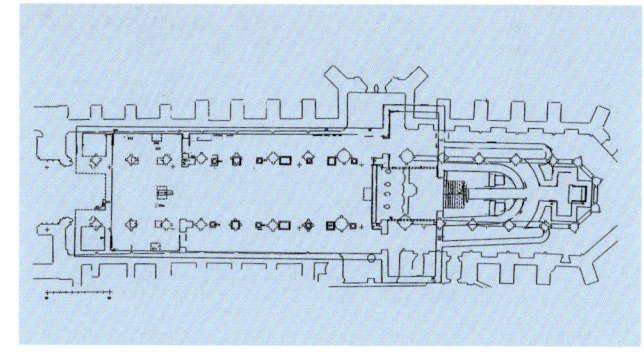

Der die Stadt beherrschende Domberg mit Dom, Liebfrauenkirche und Kurien hat dagegen den II. Weltkrieg weitgehend überstanden. Bereits der erste, von Karl dem Großen eingesetzte Missionsbischof Halberstadts, der hl. Bischof Hildegrim von Châlons (†827), Bruder des hl. Bischofs Ludger von Münster, gründete hier seinen Dom, dessen Erweiterungsbau 859 durch Bischof Hildegrim II. (reg. 853–886) geweiht wurde. Nach dem Einsturz des karolingischen Vorgängerbaus 965 wurde ein ottonischer Neubau begonnen, der bereits 992 vollendet und in Anwesenheit Ottos III. durch Bischof Hildeward (reg. 968–996) geweiht wurde. Nach kriegerischen Auseinandersetzungen und der teilweisen Zerstörung Halberstadts durch den Welfenherzog Heinrich den Löwen 1179 wurde dieser Bau romanisch verändert und 1220 als doppelchörige Anlage ein letztes Mal geweiht.

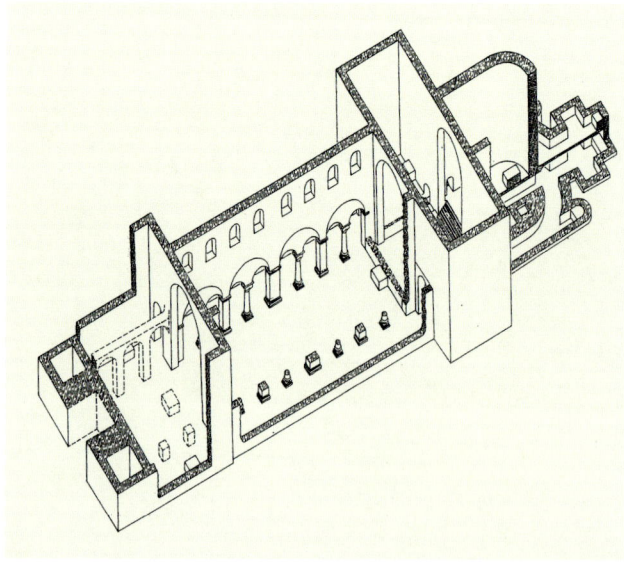

Anschrift
Dom St. Stephanus
Domplatz 16 a
38820 Halberstadt

Öffnungszeiten
Mo–Fr 10.00–17.00 Uhr
Sa 10.00–16.30 Uhr
So Mai–Okt.
11.00–17.30 Uhr
Nov.–Apr. 11.00–16.30
Uhr

Eintrittspreise
Erw. 6,– DM, Kinder
2,– DM, Erm. 4,– DM

Führungen
Dom und Domschatz:
Apr.–Okt. Di–Fr 10.00,
11.30, 14.00, 15.30 Uhr,
Sa 10.00 u. 14.00 Uhr,
Domschatz auch 12.00 Uhr
So 11.30 u. 14.30 Uhr,
Montags ist der Domschatz
ganzjährig geschlossen,
Führungen im Dom 11.30
u. 14.30 Uhr,

Nov.–März Di–So 11.30 u.
14.30 Uhr (Domschatz
auch Sa, So 13.00 Uhr)

**Ansprechpartner für
Führungen**
Dr. Petra Sevrugian,
Kustodin
Domplatz
38820 Halberstadt
Tel.: (03941) 2 42 37
Fax: (03941) 2 42 37

Spezialführungen
nach Bedarf u. Anmeldung

Ausstellungen
Domschatz

Unser Tip
Johanniskirche (älteste
Fachwerkkirche
Deutschlands), Konzerte im
Sommerhalbjahr im Dom

Angebote
Gleimhaus, Städtisches
Museum,

Schraubenmuseum,
Heineanum, Sommerbad

Anreise mit PKW
über die B 79 o. B 81

Anreise mit ÖPNV
mit Bahn, Bus o.
Straßenbahn möglich

Parkplätze
550 Parkplätze für PKW,
3 für Busse (Parkuhr)
Parkhaus Rathauspassage,
Busparkplätze im Hohen
Weg (ca. 300 m entfernt)

Informationsmaterial
Prospekte

**Verkaufsangebot im
Bauwerk**
Bücher, Karten, Broschüren

*Bibel aus Hamersleben
(um 1180) im Domschatz*

Die Konkurrenz zu Magdeburg, das ab 1209 einen gotischen
Domneubau aufführte, forderte auch für Halberstadt eine ent-
sprechend moderne Lösung. Der Dom St. Stephanus und St.
Sixtus wurde zwischen 1236 und 1491 durch einen komplet-

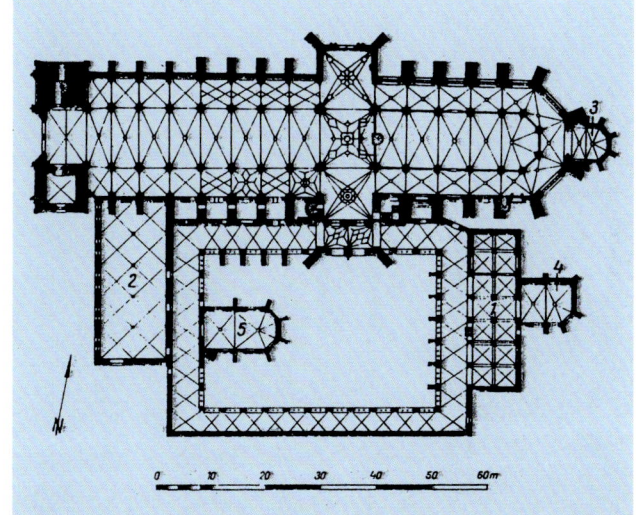

*Grundriß des heutigen
gotischen Domes mit
Kreuzgang und
Stiftsgebäuden (nach
Schüttlöffel-Leuschner,
1993)*

41

Der hl. Hieronymus mit dem Löwen, um 1480, Spätgotische Sandsteinfigur an den Langhausarkaden

ten gotischen Neubau ersetzt, in den jedoch bedeutende romanische Ausstattungsstücke übernommen wurden. Die Kirche, die zu den bedeutendsten hochgotischen Kirchenbauten nach französischem Vorbild in Deutschland zählt, ist eine kreuzförmige dreischiffige Basilika mit einer noch spätromanisch geprägten Doppelturmfassade, Chorumgang und Scheitelkapelle. Im Westen wurde zunächst die Fassade und drei Langhausjoche von 1236 bis 1276 errichtet, bevor nach einer langen Baupause im Osten die Marienkapelle im Scheitel, Chor und Chorumgang von 1354 bis 1402 folgten. Der Vorgängerbau wurde im Zuge der Bauarbeiten nach und nach abgetragen, besonders im 15. Jahrhundert, als der gotische Dom langsam von Ost und West mit Lang- und Querhausbau zusammenwuchs.

Blick in Langhaus und Chor mit „Säulenheiligen", Lettner und Triumphkreuzgruppe

Trotz der langen Bauzeit entstand im Innern ein einheitlicher hochgotischer Raumeindruck. Auf den Fundamenten des ottonischen Vorgängers errichtet, wirken die Proportionen besonders steil und hoch. Die eng stehenden Langhauspfeiler werden symbolisch von spätgotischen Heiligenfiguren des 15. und 16. Jahrhunderts „getragen". Gebremst wird der Blick nach Osten durch den spätgotischen Lettner, über dem sich die spätromanische Triumphkreuzgruppe aus dem romanischen Vorgängerbau erhebt. Als erstes monumentales Werk dieses Motivs mit erweitertem Programm aus triumphierendem Christus, Maria, Johannes und zwei sechsflügeligen Engeln und Apostelzyklus wurde es um 1220 geschaffen. Im Hinterkopf der Christusfigur fanden sich in Seide gewickelte Heiligen- und eine Kreuzreliquie. Als westliches Pendant befindet sich im Mittelschiff ebenfalls ein romanisches Kunstwerk aus dem Vorgängerbau – der 1195 gestiftete Taufstein aus Rübeländer Marmor auf vier ruhenden Löwen.
Der große Radleuchter im Mittelschiff wurde als Stiftung des Dompropstes Balthasar von Neuenstadt kurz nach 1500 als

Spätgotischer Domlettner mit weiblichen und männlichen Schutzheiligen

*Sandsteinplastik der
Urmutter Eva*

Reminiszenz an die großen romanischen Kirchenleuchter der Stauferzeit geschaffen. Bereits eine Gabe der evangelisch gewordenen Domherren ist die 1592 aufgestellte Kanzel. Noch aus dem 15. Jahrhundert stammen das den Domherren vorbehaltene eicherne Chorgestühl und die Fenster des Chorumganges.

Der Halberstädter Domschatz, der neben der Kathedrale im Kapitelsaal und den Kreuzgangsälen aufbewahrt wird, zählt zu den kostbarsten Sammlungen mittelalterlicher Sakralkunst auf der Welt. Vor allem zum liturgischen Gebrauch haben schon die Ottonen wertvolle Schenkungen an den Dom gerichtet, die hier ausnahmsweise erhalten sind. Zur Weihe des ottonischen Domes soll Kaiser Otto III. 992 Teile aus dem byzantinischen Brautschatz seiner Mutter Theophanu gestiftet haben, wozu zwei Demetriusreliquiare und eine Elfenbeintafel gezählt wer-

*Sitzfigur der Halberstädter
Madonna aus der
Liebfrauenkirche im
Domschatz (um 1230)*

44

Der hl. Sebastian als „Säulenheiliger" des Domlanghauses

Der hl. Michael im Kampf mit Luzifer, Detail des Abraham-Teppichs im Domschatz, Mitte 12. Jahrhundert

den. Aus der Vielzahl der Handschriften, Reliquiare, Altarbilder, Wandteppiche, Gewänder oder Meßgeräte sollen daneben noch genannt werden: das elfenbeinerne römische Konsulardiptychon (417), eine fatimidische Bergkristallflasche und ein byzantinisches Seidenpluviale (beides um 1000), eine byzantinische Weihebrotschale (1120), die Bischof Konrad von Krosigk 1205 vom Kreuzzug aus Konstantinopel mitbrachte, die Sitzfigur der Halberstädter Madonna (um 1230) sowie ein bemalter Stollenschrank (1234) als Vorläufer der mittelalterlichen Flügelaltäre. Der Domschatz enthält die ältesten Wirkteppiche der Welt: den Abrahamsteppich (1150) und den Aposstelteppich (1170). Beide haben bereits über dem Chorgestühl des ottonischen Domes zur Feier besonderer Festtage gehangen. Ergänzt werden sie durch den Karlsteppich (1230), der den Bistumsgründer Karl den Großen umgeben von vier Philosphen der Antike zeigt. Alle drei Wirkarbeiten strahlen auch nach über 800 Jahren in intensiven leuchtenden Farben und bilden den Höhepunkt des erhaltenen mittelalterlichen Ensemble aus Dom, Kreuzgang und Stiftsgebäuden in Halberstadt.

Stiftskirche St. Servatii in
Quedlinburg

„Von da ging er nach Quedlinburg, wo er das Osterfest mit Dank gegen Gott und in irdischer Freude vollbrachte. Dorthin eilten auf des Kaisers Befehl die Herzöge Mieszko und Boleslaw zusammen, ferner die Gesandten der Griechen, der Beneventer, Ungarn, Bulgaren, Dänen und Slawen samt allen Großen des Reiches; und nachdem alle Dinge in Frieden geschlichtet worden waren, kehrten sie prächtig beschenkt in Freuden heim."

Thietmar von Merseburg, Chronik

Königshof und Stiftskirche St. Wiperti

Schon im 9. Jahrhundert gründete das Kloster Hersfeld, das durch Schenkung in den Besitz Quedlinburgs gekommen war, eine Missionskirche zu Ehren des hl. Wigbert. Sie wird an der Stelle oder im Umfeld der heutigen Kirche gestanden haben. Wenig später fällt „Quitilingaburg" an den Sachsenherzog Otto den Erlauchten aus dem Geschlecht der Liudolfinger, der von 901 bis 912 den Benediktinern von Hersfeld als Laienabt vorstand. In der Nähe von St. Wiperti ließ er einen Hof für sich und seine Nachfolger anlegen. Mit der Wahl seines Sohnes Heinrich zum ostfränkisch-deutschen König im Jahre 919 beginnt die Geschichte des Aufstieges der Sachsenherzöge zu König- und Kaisertum und damit auch Quedlinburgs zentrale Reichsstellung. Der Legende nach wurde Heinrich I., der in der älteren Tradition den volkstümlichen Beinamen „der Vogeler" trägt, in Quedlinburg bei der Vogeljagd am Finkenherd von den Boten des verstorbenen Königs Konrad I. überrascht, die ihm die Königswürde anboten und die Reichskleinodien überbrachten.

Neben der befestigten Pfalz, die Heinrich I. im Zuge der Auseinandersetzungen mit den Ungarn auf dem heutigen Stiftsberg von St. Servatius anlegen ließ, wurde auch der Königshof im Tal bei St. Wiperti ausgebaut. Die Kirche von St. Wiperti genügte nicht mehr den repräsentativen Anforderungen, so daß sie Heinrich abbrechen und an ihrer Stelle eine größere Saalkirche – wahrscheinlich von einer großen Ostapsis geschlossen – errichten ließ.

Bei der Eigentumsübertragung des Königshofes an das Damenstift von St. Servatius wurde 961 daran erinnert, daß mit den erzielten Einkünften auch in Zukunft an St. Wiperti ein Stift mit zwölf Klerikern zu versorgen sei. Diese Klerikergemeinschaft wird es zuzuschreiben sein, daß die Saalkirche bald nach 936 einer dreischiffigen kreuzförmigen Basilika mit vielleicht turmartigem Westbau wich. Dem Querhaus schloß sich ein äußerlich quadratisches, innen aber mit eingezogener

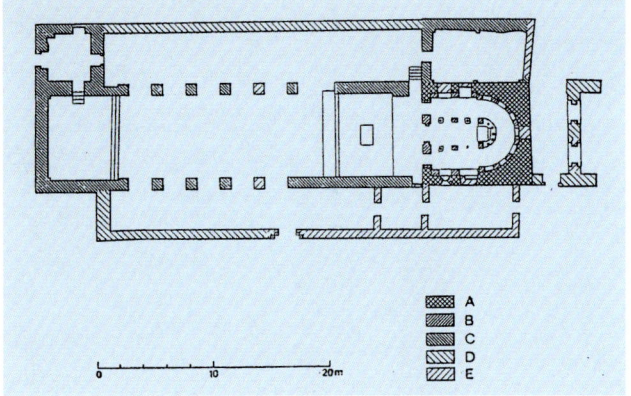

A
B
C
D
E

Apsis schließendes Sanktuarium an. Als Zeichen der gewachsenen Bedeutung des Konventes wurde ihm 964 das Recht der freien Abtswahl zugestanden. Einer alten Tradition seit den Tagen Heinrichs I. folgend beging auch Kaiser Otto III. im Jahr 1000 in Quedlinburg das Osterfest, nahm in St. Servatius, dem seine Schwester Adelheid als Äbtissin vorstand, an den österlichen Liturgien teil und zog mit seinem Hofstaat feierlich in den Königshof im Tal.

Diese Glanzzeiten waren längst Geschichte, als die Kanoniker von St. Wiperti 1148 einem Konvent von Prämonstratensern aus dem Magdeburger Liebfrauenkloster Platz machen mußten. Das alte Kirchengebäude wurde bis auf Sanktuarium und Krypta abgetragen und durch eine dreischiffige Pfeilerbasilika mit zweitürmigem Westbau ersetzt. Nachdem das Kloster von den Grafen von Regenstein, die seit 1273 die Vogtei über das Stiftsgebiet innehatten, als Stützpunkt gegen die Stadt benutzt worden war, wurde es von Quedlinburgern nach den schweren Auseinandersetzungen mit den Regensteinern im ersten Drittel des 14. Jahrhunderts verwüstet. Noch einmal wurden Kirche und Kloster gotisch erneuert, doch erlagen beide 1525 den Stürmen des Bauernkrieges. Das aufgelöste Kloster kam als Wirtschaftshof zum Servatiusstift, wärend die Kirche zur Pfarrkirche wurde. Nach dem Ende des Servatiusstiftes 1803 zog die Kirchengemeinde dorthin um; und die zur Scheune umgebaute Kirche wurde Teil des privatisierten Landwirtschaftsgutes. Wie bei St. Servatius bezogen die Nationalsozialisten 1936 auch die ehemalige Wipertikirche, deren Krypta als karolingische Missionskirche galt, in ihren braunen Kult ein. Nach 150jähriger Fremdnutzung und umfassendem Rückbau übernahm 1957 die katholische St. Mathildis-Gemeinde die Kirche wieder als Gotteshaus.

Aus der Zeit kurz nach 1000 ist hinter dem Altarbereich eine seltene Umgangskrypta erhalten geblieben. Sie wurde nachträglich in die ottonische Basilika eingebaut und ist auch immer in die nachfolgenden Neu- und Umbauten integriert und von diesen wie ummantelt worden. Wegen ihrer Formensprache, besonders durch den umlaufenden Architrav und das einfache Tonnengewölbe, wirkt sie besonders altertümlich. Zwei Stützreihen aus je drei Pfeilern und je zwei dazwischen gestellten Säulen sowie fünf kleineren, auf einem Mauersockel aufgestellte Säulen tragen das Gewölbe und teilen den Raum in drei Schiffe und den Umgang. Die Kapitelle der vier Säulen des Schiffes sind sogenannte Pilzkapitelle. Sie sind äußerst selten und treten in der Zeit um 1000 auf. So finden wir sie auch in der Krypta der Servatiuskirche auf dem Stiftsberg. Andere Bauteile sind in Zweitverwendung in der Krypta verbaut worden, wie auch zwei spätkarolingische Grabsteine mit Inschriften. Aus der ottonischen Confessio der Servatiuskirche, die Königin Mathilde vor 968 vermutlich als Reliquiendepot einbauen ließ und die bald nach 999 dem Neubau der Stiftskirche weichen mußte, stammt wahrscheinlich das zierliche Pfeilerchen im Scheitel der Apsis. Das mit ionisierendem Kapitell und attischer Basis aus einem Kalksteinblock gearbeitete Stück würde somit ein einzigartiges Beispiel einer ottonischen Spolienverwendung eines ottonischen Originals darstellen.

Benediktinerinnenkloster St. Marien auf dem Münzenberg
In gleichartiger Weise, nur etwa 1000 Jahre später wurde 1955 das spätromanische Portal des südlichen Seitenschiffes der nahen Marienkirche auf dem Münzenberg dem südlichen Seitenschiff der Wipertikirche einverleibt. Denn auf dem Münzenberg, der neben dem Stiftsberg die Stadtlage Quedlinburgs beherrscht, hat sich die kaiserlich ottonische Architektur wei-

Anschrift
Wipertikirche
Wipertistraße
06484 Quedlinburg

Öffnungszeiten
Mai–Okt.:
Mo–Sa 10.00–17.00 Uhr,
So 11.00–17.00 Uhr
Nov.–April:
Führungen tägl. nach
telefonischer Voranmeldung
Di–Fr 9.00–12.30 Uhr
Tel.: (03946) 91 50 82

Eintrittspreise
Führungen durch Förderverein
kostenlos

Führungen
während der Öffnungszeiten nur
nach Voranmeldung

**Ansprechpartner für
Führungen**
Förderverein Wiperti
Frau Teichmann
Neuendorf 4
06484 Quedlinburg
Tel.: (03946) 91 50 82
Fax: (03946) 91 50 16

Angebote
Nachtwächterführungen,
Fachwerkmuseum,
Klopstockmuseum,
Holzwurmmuseum, Feininger-
Galerie,

Parkplätze
10 Parkplätze für PKW vor dem
Bauwerk, weitere PKW- u. alle
Busparkplätze am ehemaligen
Motel, ca. 4 Min. vom Bauwerk
entfernt

*Umgangskrypta der
Quedlinburger
Wipertikirche*

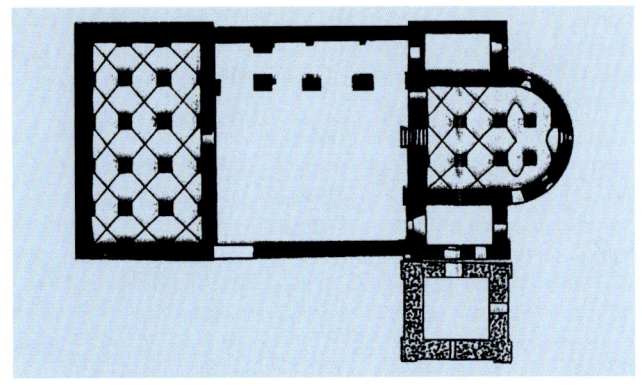

testgehend in Wohnhäusern des 18. Jahrhunderts versteckt. Die Äbtissin Mathilde, Schwester Kaiser Ottos II., gründete hier 986 für das Totengedenken an ihren Bruder ein der Gottesmutter geweihtes Benediktinernonnenkloster. Dieses wie das Stift von St. Wiperti stand unter der Oberleitung der Äbtissin von St. Servatius. Der direkt danach errichtete Kirchenbau wurde bereits 994 geweiht. Nach einem Brand 1015 wurden Kirche und Kloster romanisch erneuert. Schon 1017 konnte der Halberstädter Bischof Arnulf (reg. 996–1023) in Anwesenheit Kaiser Heinrichs II. die Neuweihe zelebrieren. Wie Heinrich II. so versahen auch Konrad II. 1029 und Heinrich IV. 1063 die Benediktinerinnen vom Münzenberg mit bedeutenden Schenkungen. Durch Verwüstungen im Bauernkrieg 1525 wurde das Kloster schwer beschädigt und verfiel darauf. Vor allem seit dem 17. und 18. Jahrhundert entstand auf dem Klostergelände eine Siedlung kleiner Häuser, die die mittelalterlichen Mauern integrierte sowie die Kirchen- und Klosterruine als Steinbruch nutzte. Das malerische Münzenbergdorf gegenüber dem herrschaftlichen Stiftsbergkomplex beherbergt somit ottonische Bausubstanz.

Das ottonische Kirchengebäude war eine dreischiffige Pfeilerbasilika, die sich als Baugruppe von querrechteckigem Westbau mit Empore, zwei quadratischen Türmen über den westlichen Seitenschiffjochen, drei Langhausjochen mit Seitenschiffemporen, querrechteckigem Chor und halbrunder Apsis präsentierte. Davon haben sich das Erdgeschoß des Westbaus, die Umfassungswände von Langhaus, Chor und nördlichem Seitenschiff sowie die Ostkrypta erhalten, die für den Besucher nicht immer deutlich erkennbar sind.

Königspfalz und Stiftskirche St. Servatius auf dem Stiftsberg
Wahrscheinlich im Zusammenhang mit seiner gegen die Ungarneinfälle gerichteten Burgenordnung ließ König Heinrich I. neben dem bei St. Wiperti gelegenen Könighof auf dem

benachbarten Berg eine befestigte Pfalz errichten. In deren Kapelle wurde er 936 nach der Überführung aus Memleben zur letzten Ruhe gebettet. Seine Gemahlin Mathilde, die schon 929 Quedlinburg als Witwengut erhalten hatte, gründete im gleichen Jahr in der Burgpfalz ein hochadeliges Damenstift. Die Gründung erhielt eine außergewöhnliche rechtliche Stellung: Sie war reichsunmittelbar, direkt Recht und Schutz von Kaiser und Papst unterstellt; zudem sollten die Äbtissinnen nur der königlichen Familie entstammen, was bis zum 12. Jahrhundert durchgängig der Fall war. Zunächst leitete die Königswitwe über dreißig Jahre das Stift selbst. Im Jahre 968 wurde ihre Enkelin Mathilde (reg. 968–999), Tochter Kaiser Ottos des Großen, als erste Äbtissin, in Anwesenheit der weltlichen und geistlichen Großen des Reiches, eingesetzt. Ihrem Wirken ist es zu verdanken, daß das Frauenstift auch zu einer Stätte geistiger Bildung und kultureller Blüte wurde. Während des ganzen Mittelalters hindurch blieb Quedlinburg eines der bedeutensten reichsunmittelbaren Frauenstifte Deutschlands.

Adlerkapitell des Langhauses der Servatiuskirche

Die Pfalz war ein Lieblingsort der liudolfingischen Herrscher. Glanzvolle Hoftage, insbesondere an den Osterfesten, wurden hier begangen und ausländische Gesandtschaften empfangen. So erschienen zum berühmten Osterhoftag Ottos des Großen von 973 Gesandte des Papstes, der Polen, Ungarn, Griechen, Bulgaren, Dänen, Slawen und Beneventaner. Auch unter den Saliern und Staufern, den Nachfolgern der Ottonen auf dem Königsthron, blieb Quedlinburg Ausbildungs- und Versor-

Luftaufnahme des Stiftsberges von St. Servatii

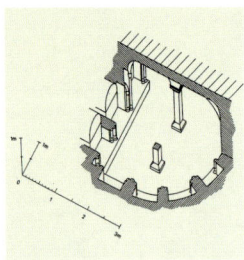

Rekonstruktion der Confessio in der Servatiuskrypta (nach Leopold, 1998)

rechts:
Grundriß der Servatiuskirche mit Bauphasen (nach Schubert, 1990)

rechts:
Einzeichnung des rekonstruiertenm ottonischen in den heutigen Grundriß der Servatiuskirche (nach Leopold, 1998)

Heutiger Zustand der Confessio

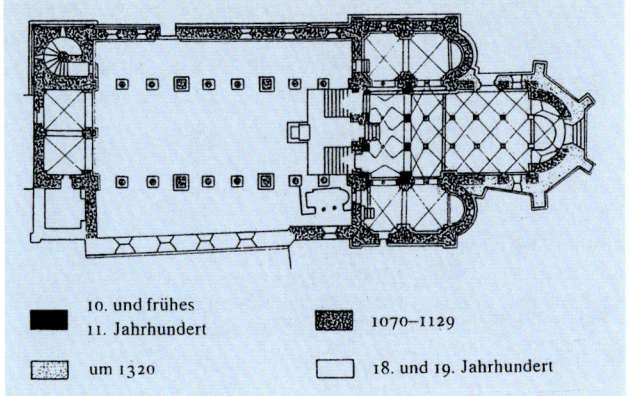

10. und frühes 11. Jahrhundert

1070–1129

um 1320

18. und 19. Jahrhundert

gungsstätte der Töchter des Hochadels und zugleich bedeutende Pfalz. Zwischen 922 und 1207 sah Quedlinburg 69 Besuche von Königen und Kaisern in seinen Mauern.

Der herausragenden geistlichen und politischen Bedeutung von Stift und Pfalz entsprach auch das Baukonzept. Um den Kirchenbau gruppierten sich auf dem Burgberg die Konventsbauten sowie die Profangebäude zur Unterbringung der königlichen Familie und deren Gäste. An der Stelle des mittelalterlichen Pfalz- und Stiftsensembles befinden sich heute die Repräsentationsbauten des Damenstiftes aus dem 16. bis 18. Jahrhundert, die als Museum genutzt werden und somit zugänglich sind.

In der ersten, dem hl. Petrus geweihten Pfalzkapelle, einer kleinen dreischiffigen Kirche mit westlich angrenzendem Saalbau aus Fachwerk, wurde 936 Heinrich I. beigesetzt. Gleich darauf begann seine Witwe mit dem größeren Bau der ersten, dem hl. Servatius geweihten Damenstiftskirche. Es entstand ein dreischiffiger Bau, der im Osten ein um zwei bis drei Stufen erhöhtes Sanktuarium und im Westen einen um einige Stufen höher liegenden, mit massiven Substruktionen über dem südlichen

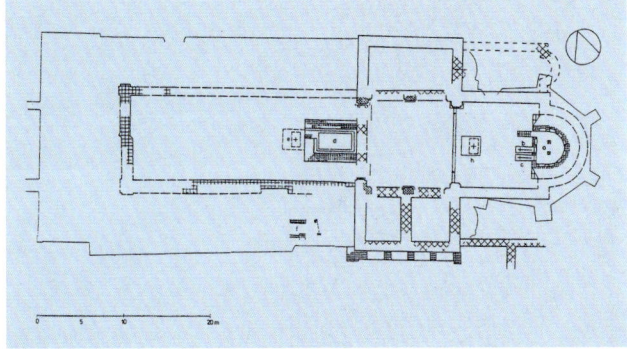

Steilhang gesicherten Saalbau besaß. Königin Mathilde oder ihre Enkelin errichtete direkt hinter der Grabstätte des Königs, an dessen Seite Mathilde 968 beigesetzt wurde, eine bis heute erhalten gebliebene Confessio. Dieser hufeisenförmige, in den natürlichen Sandsteinfelsen eingetiefte und mit Stuck ornamental gestaltete Raum war ursprünglich gewölbt und diente möglicherweise zur Aufnahme der Reliquien des hl. Servatius, dessen Gebeine auf Initiative Ottos des Großen 961 von Maastricht nach Quedlinburg überführt wurden. Die lateinische Inschrift auf dem erhaltenen Steinsarkophag Mathildes lautet in deutscher Übersetzung: „An den zweiten Iden des März starb die Königin Mathilde, die hier ruht, deren Seele ewige Ruhe erhalten möge".

Wie die Königin Mathilde so beließ die Äbtissin Mathilde, ihre Enkelin, nichts beim Bestehenden. Über den Gräbern ihrer Großeltern begann sie mit einem dritten, größeren Neubau. Dabei wurde, als Wegekapelle am alten Burgaufgang vom Königshof St. Wiperti, die bis heute erhaltene Kapelle St. Nicolai in vinculis eingebaut. Die Weihe des dreischiffigen Langhauses, das sich an Stelle des westlichen Saalbaus erhob, konnte Äbtissin Mathilde 997 noch erleben. Ihre kaiserliche Nichte und Nachfolgerin Adelheid (reg. 999–1045), Schwester Ottos III., führte den Bau zu Ende. Die Confessio wurde zugeschüttet und darüber eine dreischiffige Krypta errichtet, von der die beiden westlichen, tonnengewölbten Joche auf Pfeilern und Säulen mit einfachen Pilzkapitellen zu sehen sind. Darü-

Krypta und Confessio der Servatiuskirche mit Grab der Königin Mathilde

Gotische Gewölbemalereien in der Servatiuskrypta

Anschrift
Stiftskirche St. Servatius
Schloßberg
06484 Quedlinburg

Öffnungszeiten
Mai–Okt.:
Di–Fr 10.00–18.00 Uhr,
Sa 10.00–16.00 Uhr,
So u. Feiertag
12.00–18.00 Uhr
Nov.–April:
Di–Sa 10.00–16.00 Uhr,
So u. Feiertag
12.00–16.00 Uhr,
letzter Einlaß eine halbe
Stunde vor Schließung

Eintrittspreise
Erw. 6,– DM, Erm. 4,– DM

Führungen
Di–Sa: 11.00, 13.00 u.
15.00 Uhr, So u. Feiertag:
12.00 Uhr, zusätzliche
Führungen für
angemeldete Gruppen und
nach Bedarf

**Ansprechpartner für
Führungen**
Diakon Werner Bley
Schloßberg 9
06484 Quedlinburg
Tel.: (03946) 35 52

Spezialführungen
spezielle Führungen nach
Voranmeldung möglich für:
Kinder, Jugendliche, Gäste
mit Spezialkenntnissen,
Behindertengruppen,
englischsprachige Gruppen
(mit Preisaufschlag)

Übernachtung
Romantikhotel
„THEOPHANO",
Tel.: (03946) 9 63 00
Romantikhotel „Am Brühl",
Tel.: (03946) 39 51

Gastronomie
„Schloßkrug"
Am Schloßberg 1
(ca. 50 m entfernt);
nach Voranmeldung
Ritteressen im Hotel

„Schloßmühle"(dazu spielt
die Theatergruppe
„Burgvolk" Ritterspiele)

Unser Tip
Übernachtung im
Schreckenturm, Besuch des
Münzberges in Quedlinburg

Angebote
Wedderslebener
Papiermühlen,
Kaiserfrühling in
Quedlinburg, Thalenser
Bergtheater, Harzer
Schmalspurbahn

Parkplätze
80 Parkplätze für PKW,
10 für Busse
(Gebühren 5,– DM/Tag)

**Verkaufsangebot im
Bauwerk**
Bücher, Kataloge,
Postkarten

Toiletten
3 WCs im Bauwerk

ber entstand der Hohe Chor, vor dessen Hauptaltar vermutlich der Sarg König Heinrichs einen neuen Platz fand. In Anwesenheit Kaiser Heinrichs II. und seiner Gemahlin Kunigunde konnte 1021 der Gesamtbau über dem Grab Heinrichs I., dem Urgroßvater Heinrichs II., geweiht werden.

Nach einem verheerenden Brand 1070 wurde dieser Kirchenbau durch die im wesentlichen bis heute erhaltene Kirche ersetzt. Politische Wirren verzögerten die Weihe der sicherlich bald nach 1100 baulich vollendeten Kirche. Erst 1129 erfolgte im Beisein Kaiser Lothars III. von Süpplingenburg die festliche Einweihung der Kirche, die zu den eindrucks- und qualitätsvollsten Sakralbauten der Hochromanik in Deutschland gehört. Die flachgedeckte, dreischiffige, kreuzförmige Basilika besitzt eine weiträumige Krypta und einen Westbau, dessen Türme eine historische Zutat nach dem Entwurf des preußischen Baumeisters Ferdinand von Quast sind. Die romanische Apsis mußte um 1320 unter Äbtissin Jutta von Kranichfeld einem gotischen Neubau weichen.

Die reiche Ornamentik des Baues mit umlaufenden Rundbogen-, Tier- und Pflanzenfriesen läßt auf die künstlerische Tätigkeit angeworbener Bildhauer aus der Lombardei schließen. Der durch seine monumentale Steinsichtigkeit und seinen reichen figürlichen Schmuck beeindruckende Kirchenraum muß zur Entstehungszeit durch eine umfangreiche Farbigkeit völlig anders gewirkt haben, was an den Malereiresten von Heiligen- und Bibellegenden aus der Zeit um 1200 in der Krypta noch abzulesen ist. Die Würfelkapitelle der Säulen und Pfeiler, die im Niedersächsischen Stützenwechsel – abwechselnd zwei Säulen und ein Pfeiler – angeordnet sind, tragen überreichen symbolischen plastischen Schmuck aus Adlern, Blattwerk, Masken, Palmetten oder Fabelwesen. Auch die Krypta birgt einzigartige plastische Werke: die seltenen, vor 1129 gearbeiteten Figurengrabsteine aus sächsischem Stuck der drei, zwischen 1045 und 1095 verstorbenen königlichen Äbtissinnen Adelheid I. (reg. 999–1045), Beatrix I. (reg. 1045–1062) und Adelheid II. (reg. 1062–1095).

Vom Hohen Chor aus gelangt man in die Schatzkammer, „Zither" genannt, die 1179 in das nördliche Querhaus einge-

Tierkapitell des Langhauses der Servatiuskirche

Blick in Langhaus, Chor und Apsis der Servatius-kirche

baut wurde. In dem von vier Säulen getragenen und von
einem Kreuzgewölbe geschlossenen Schatzraum – einem Haus
im Haus – wurden die für geistliche wie weltliche Gebräuche
bestimmten Schatzstücke untergebracht. Dem Domschatz von
Halberstadt steht der Stiftsschatz von Quedlinburg an Alter
und Qualität kaum nach. Die Ottonen haben ihre Gründung
reich mit Evangeliaren, Reliquiaren und Kleinodien bedacht,
die in Teilen bis heute erhalten geblieben sind. Aus Italien
hatte Otto der Große 962 zahlreiche Reliquien nach Quedlinburg überwiesen. Sein Enkel Otto III. stiftete im Jahre 994 weitere Stücke, die vermutlich in Teilen aus dem Brautschatz seiner Mutter Theophanu stammten. Der Schatz wurde 1945 zum
Teil geplündert und in die USA verbracht, doch kehrte er mit

Ausnahme von zwei Stücken nach 1990 an seinen alten Aufstellungsort zurück. Erwähnt seien aus der Fülle das Samuhel-Evangeliar, das im 9. Jahrhundert in Süddeutschland geschrieben und bebildert wurde, das Otto-Adelheid-Evangeliar mit byzantinischen Elfenbeinreliefs, das Servatiusreliquiar mit karolingischen Elfenbeischnitzereien der Hofschule Karls des Kahlen um 870, ein fatimidischer Bergkristall-Flakon mit Palme und Vögeln aus dem Ägypten des Jahres 1000 und das römisch-antike Alabastergefäß, das durch die Ottonen als Krug des Hochzeitswunders von Kana in den Stiftsschatz gelangte. Der mit feinen Goldfiligranarbeiten überzogene Bischofsstab soll nach Thietmar von Merseburg ein Geschenk Kaiser Ottos III. an seine Schwester Adelheid zur Amtseinführung als Quedlinburger Äbtissin 999 gewesen sein.

Türklinke am Nordportal der Stiftskirche (Detail)

Nach der Einführung der Reformation 1539 durch die Äbtissin Anna II. von Stolberg bestand das Stift bis zu seiner Aufhebung 1803 fort. Im Jahre 1938 mußte die evangelische Kirchengemeinde die Schlüssel an die NS-Machthaber übergeben, die in der Kirche eine „SS-Weihestätte" einrichteten; dabei wurde der gotische Chor innen durch eine neoromanische Apsis ummantelt. Heinrich I. entzog sich jedoch der nationalsozialistischen Vereinnahmung. Obwohl Heinrich Himmler, der sich als Nachfahre Heinrichs I. wähnte, auf dem Stiftsberg intensiv graben ließ, blieben die Gebeine des Königs unauffindbar.

Im Jahre 1994 wurde die Stadt Quedlinburg, die eines der größten geschlossenen Fachwerkensemble Deutschlands besitzt, mit ihren reichen Kulturschätzen von der UNESCO zum kulturellen Welterbe ernannt.

Südseite des Stiftsberges von St. Servatii mit Altstadtidylle

Stiftskirche St. Cyriakus in

Gernrode

„Gero besaß zahlrei-
che lobenswerte
Eigenschaften, er
verstand sich auf den
Krieg und im Frieden
war er ein guter Rat-
geber; er war beredt,
wußte viel, allerdings
zeigte er seine Klug-
heit eher mit Taten
als mit Worten. Beim
Erwerben zeigte er
Tatkraft, beim Schen-
ken Freigebigkeit und,
was das Lobenswerte-
ste war, war sein
Eifer im Dienste
Gottes."

*Widukind von Corvey,
Sachsengeschichte*

Markgraf Gero gehörte dem Geschlecht der Grafen von Merseburg an und war eine der markantesten Per-sönlichkeiten aus dem Umfeld Ottos des Großen. Als Markgraf der sächsischen Ostmark hatte Gero wesentlichen Anteil an der Eroberung der slawischen Gebiete jenseits von Elbe und Saale. Diese Kämpfe wurden von beiden Seiten mit großer Brutalität geführt und Widukind von Corvey berichtet, daß Gero bei einem Gelage dreißig vom Wein trunkene Sla-wenfürsten im Schlafe habe ermorden lassen; allerdings habe Gero dies nur deshalb getan, fügte Widukind beschwichtigend hinzu, um einem Mordanschlag der Slawen zuvorzukommen. Thietmar von Merseburg ehrte den Markgrafen mit der Bezeichnung „Verteidiger des Vaterlandes". Nach dem kinder-losen Tod seiner Söhne stiftete Gero im Jahre 961 in seiner Burg Geronisroth, der Rodung des Gero, ein Kanonissenstift zum eigenen Seelenheil und dem seiner Familie. Als erste Äbtissin setzte er seine Schwiegertochter Hathui ein, die Witwe seines Sohnes Siegfried, die den Konvent 55 Jahre lang bis zum ihren Tode 1014 leitete. Markgraf Gero wurde 965 in seiner Stiftskirche beigesetzt.

Das Damenstift Gernrode stand bei seiner Gründung auf einer Stufe mit den anderen bedeutenden adeligen Frauen-stiften im Reich, also mit Quedlinburg, Gandersheim und Essen. Die Stiftsdamen waren keine Nonnen, sondern unverheiratete Töchter bedeutender Fami-lien, die hier ein Leben in frommer Gemeinschaft führten. Markgraf Gero unterstellte seine Kanonissen direkt dem König, um den Einfluß des Halberstädter Bischofs auszuschalten. Otto der Große und Otto II. bestätigten diese Reichsun-mittelbarkeit 961 in einer gemeinsamen Urkunde. Im Jahre 963 pilgerte Gero nach Rom, von wo er die Armreliquie des hl. Cyriacus mitbrachte. Der neue Titelhei-lige Cyriacus löste dann auch die ursprünglichen Patrone der Stiftskir-

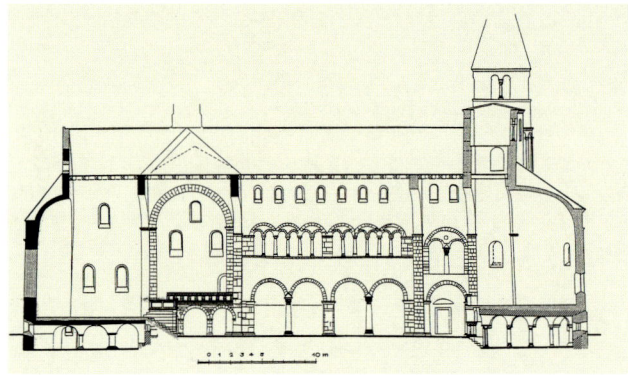

Vogelperspektive auf den Westabschluß der Stiftskirche

rechts:
Längsaufriß durch die Stiftskirche mit den beiden Kypten (nach Winterfeld, 1987)

S. 58: Darstellung Geros im südlichen Querhaus

S. 59: Christus als Weltherrscher, Wandmalerei in der Ostapsis

che, St. Maria und St. Petrus, ab. Die Blütezeit des Stiftes vollendete 1188 der Hoftag Kaiser Friedrichs I. Barbarossa. Danach verabschiedete sich das Damenstift aus der großen Reichspolitik und wurde Teil der anhaltischen Geschichte. Nach der 1521 durchgesetzten Reformation wurde die Kirche Pfarrkirche und das Stift fürstliche Domäne. Von der ehemaligen Stiftsanlage blieb nur der nördliche doppelstöckige Kreuzgangflügel aus der Zeit um 1170 erhalten. Erst auf Initiative von Herzog Alexander Carl von Anhalt-Bernburg wurde diese bedeutende ottonische Anlage aus dem Dornröschenschlaf geweckt und von 1859 bis 1872 von dem preußischen Konservator Ferdinand von Quast umfangreich und historisierend restauriert.

Die um 1014, dem Todesjahr Hathuis, fertiggestellte flachgedeckte dreischiffige Stiftskirche ist trotz ihrer Umbauten im 12. Jahrhundert und der gründlichen Restaurierungen im 19. Jahrhundert eine der wenigen ottonischen Kirchenbauten, die geschlossen auf uns gekommen sind. Im östlichen Querhaus, dem ein um neun Stufen erhöhter quadratischer Chor mit halb-

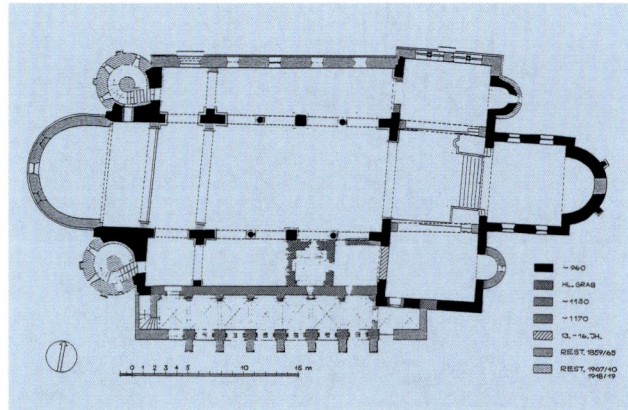

Grundriß mit Bauphasen (nach Winterfeld, 1987)

runder Apsis und zwei seitliche Apsiden angefügt sind, wurde
Markgraf Gero 965 beigesetzt. Mit der unter dem Chor befindlichen Ostkrypta sind dies die ältesten Bauteile. Neben der in
Rohr bei Meiningen ist es die älteste erhaltene Hallenkrypta
nördlich der Alpen. Unter vier Pfeilerstützen und drei Längs-
sowie drei Quertonnen als Gewölbe ruhte ursprünglich die Reli-
quie des Heiligen Cyriacus. Der Chorraum darüber mit dem
Cyriacus-Altar wird von Fresken des 19. Jahrhunderts aus dem
Heils- und Stiftsleben beherrscht. Einzig das Apsisbild des seg-
nenden Christus mit dem Buch des Lebens in der Mandorla geht
auf gefundene Reste des 13. Jahrhunderts zurück. Über dem
Grab Geros im Querhaus rekonstruierte das 19. Jahrhundert eine
ausgeschiedene Vierung, d. h. einen eigenen quadratisch
begrenzten Raum zwischen Lang- und Querhaus. Auf den beiden seitlichen Querhausemporen des 12. Jahrhunderts beteten
die Kanonissen für das Seelenheil des Stifters.

Das auffällig aus der Achse verschobene Langhaus gliedert
sich im einfachen Wechsel von Säule und Pfeiler. Darüber
läuft eine Emporenzone mit gekuppelten Säulenarkaden über
den beiden Seitenschiffen sowie im Obergaden eine Reihe
Rundbogenfenster. Die Langhausemporen deuten auf byzanti-

*Langhausdecke und
Obergadenfenster*

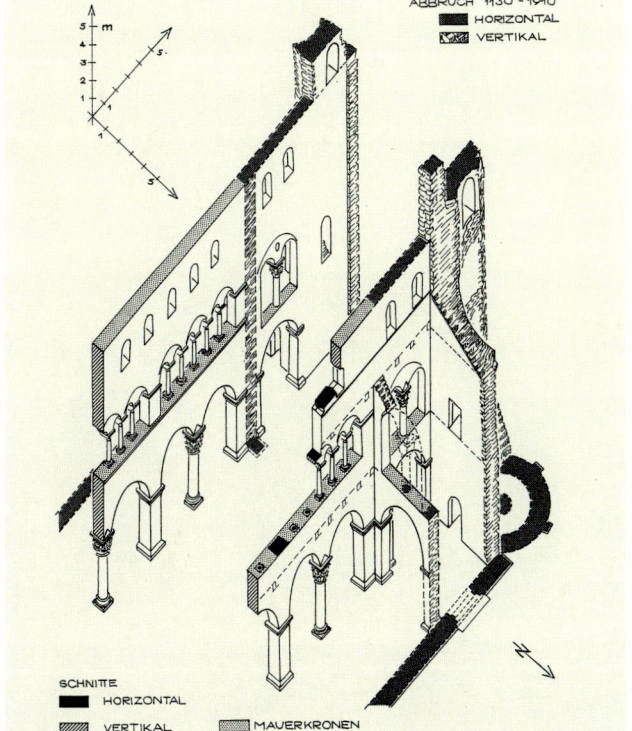

*Isometrie der Westhälfte
der Stiftskirche (nach
Winterfeld, 1987)*

Ostkrypta

nischen Einfluß hin, der sich später auch in Heilig Kreuz in Hildesheim zeigt. In Gernrode findet sich somit das älteste Beispiel einer Emporenbasilika mit einfachem Stützenwechsel.

Den Westabschluß der Kirche bildete im Gründungsbau wahrscheinlich ein mächtiger Westturm mit Eingangshalle und Empore, der von zwei noch bestehenden runden Treppentürmen begleitet wird. Hundert Jahre nach Fertigstellung der ottonischen Anlage erfolgten unter Äbtissin Hedwig III. (reg. 1118–1152) umfassende Umbauten im Stiftsbezirk. Dazu zählt vor allem die Ersetzung des Westturms durch einen Westchor mit Krypta, so daß eine doppelchörige Kirchenanlage entstand. Die dreischiffige, mit einem Kreuzgratgewölbe versehene und von acht schlanken Säulen getragene Westkrypta soll die Reliquien des Hl. Metronus geborgen haben. Darüber befand sich

Anschrift
Stiftskirche St. Cyriakus
Evangelisches Pfarramt
Burgstraße 3
06507 Gernrode
Tel.: (039485) 245
Fax: (039485) 6 40 23

Öffnungszeiten
April–Okt.:
Mo–Sa 9.00–17.00 Uhr,
So u. Feiertag nach den
Gottesdiensten erst mittags
Nov.–März:
Di–Sa 10.00–16.00 Uhr,
So nach den Gottesdiensten

Eintrittspreise
3,– DM,
Kindergruppen
1,– DM/Pers.

Führungen
tägl. 15.00 Uhr,
Gruppenführungen bitte
schriftl. oder tel. anmelden

**Ansprechpartner für
Führungen**
Evangelisches Pfarramt

Spezialführungen
Turm- und
Emporenführung,
theologische Führung,
Skulpturen, Thympana u.
Kapitelle, medidativer
Rundgang, der Löwe mit
den zwei Gesichtern

Übernachtung
Cyriakusheim –
Jugendbegegnungsstätte u.
Tagungshaus,
Tel.: (039484) 6 08 26
Fax: (039484) 9 50 82

Unser Tip
Besichtigung der riesigen
Kuckucksuhr

Angebote
Kuckucksuhrenfabrik,

Harzer Schmalspurbahn,
R 1 Radwanderweg,
Schlittenhunderennen in
Friedrichsbrunn

Anreise mit PKW
über Thale, Quedlinburg,
Harzgerode oder
Friedrichsbrunn

Anreise mit ÖPNV
mit der Bahn bis
Quedlinburg o.
Halberstadt, dann mit dem
Bus

Parkplätze
10 Parkplätze für PKW,
für Busse 5 Gehminuten
auf dem Parkplatz
Stiftskirche

**Verkaufsangebot im
Bauwerk**
hauseigene Hefte, Buch-
und Kirchenmaterial

Engelfigur im hl. Grab

der Metronus-Altar im Westchor. Dessen Malereien, die u. a. Christus in der Mandorla und Szenen des Jüngsten Gerichtes zeigen, wurden von Quast im 19. Jahrhundert analog zu denen im Ostchor ergänzt. Auch der hochwertige Entwurf des Orgelprospekts und der Deckengemälde des Langhauses stammt aus seiner Feder.

Inneres des hl. Grabes mit der Figur des auferstandenen Christus

Grabtumba Markgraf Geros

Blick vom Langhaus in Vierung, Chor und Ostapsis

Romanischer Taufstein aus Alsleben

Das Zentrum der Kirche bildet das Grabmal Geros vor den Stufen des Ostchores. Doch stammt die jetzige Sandsteintumba erst aus dem Jahr 1519 als Stiftung der Pröpstin Ursula von Kitlitz. Die Tumba mit der Markgrafenfigur in Rüstung mit Fahne und Schwert als Deckplatte könnte aus dem weiteren Umfeld Tilman Riemenschneiders stammen. Zur gleichen Zeit entstand das Gemälde des Markgrafen im südlichen Querhaus, das ihn ebenfalls mit Fahne, Schild und Schwert, in der Tracht des 10. Jahrhunderts aus der Sicht des Jahres 1500 zeigt. Daran haben sich auch die Bilder von Gero und seiner Familie im untersten Segment der Ostapsis aus dem 19. Jahrhundert orientiert. Das Pendant zum Gerograb bildet als Abschluß des westlichen Mittelschiffes ein achteckiger, um 1150 geschaffener romanischer Taufstein. Der mit Szenen aus dem Christusleben in acht Rundbogennischen geschmückte Stein wurde erst 1865 aus der Kirche von Alsleben/Saale hierher transferiert.

Wohl um das Jahr 1060/1130 wurde im südlichen Seitenschiff eine Nachbildung des Hl. Grabes Christi eingefügt – das älteste erhaltene Beispiel dieser Art in Deutschland und das herausragenste Kunstwerk der Stiftskirche. Es besteht aus einer Vor- und einer Grabkammer, die außen reich mit qualitätsvollen Schmuckreliefs und Plastiken aus Stuck, darunter Christus, Maria Magdalena und Johannes der Täufer, gerahmt sind. Bezüglich der Körper- und Gewandgestaltung, der Bewegungen und Bezüge zueinander und der Wiedergabe des seelischen Ausdrucks sind alle Figuren von herrausragender Qualität. Wie anderenorts auch wurde das erstmals 1489 erwähnte Grab in Gernrode in der österlichen Liturgie genutzt, um die Passion Christi bis zur Auferstehung authentisch nachzuerleben. Für Gernrode hat sich dieses Osterspiel in einer Handschrift von 1502 erhalten und wird wieder zur Osterzeit in der Stiftskirche aufgeführt.

Eine der trauernden Marien am hl. Grab

Langhausblick nach Westen auf Chor, Krypta und Apsis

65

Königspfalz
Tilleda

Durchquert man die Goldene Aue, diesen fruchtbaren Landstrich, den der Geschichtsschreiber Lampert von Hersfeld als „Küche der Kaiser" bezeichnete, so erreicht man Tilleda. Im Schutze der hochmittelalterlichen Burg Kyffhausen liegt die erstmals 972 erwähnte Kaiser- und Königspfalz auf dem Pfingstberg. Der im Tal davor gelegene Ort „Dullide" wird bereits im Hersfelder Zehntverzeichnis am Ende des

„Möge der Eifer aller, die jetzt und künftig der heiligen Kirche Gottes und uns getreu sind, wissen, daß wir unserer geliebten Braut als rechtmäßige Eheschenkung nach dem Brauch unserer Vorfahren gewisse Besitzungen über- geben [...], darunter Tilleda, das einst zu ihren Lebzeiten unserer Großmutter, der erhabenen Herrin Mathilde, gehört hat."

Auszug aus der von Otto II. für seine Braut Theophanu aus- gestellten Urkunde vom 14. April 972

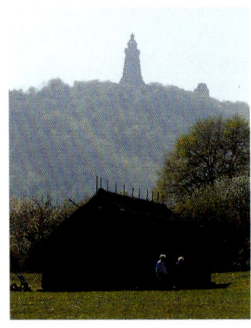

Blick zum Kyffhäuserdenkmal

S. 66–67: Rekonstruiertes Tor der Kernburg

9. Jahrhunderts erwähnt. Seit den Karolingern entstand im klimatisch begünstigten Vorharz ein Kranz von Königshöfen, Tafelgütern und Reichshöfen in einer Dichte, die sich nirgendwo sonst im mittelalterlichen deutschen Reich finden läßt. Der Ort Tilleda scheint unter Herzog Otto dem Erlauchten, dem Vater König Heinrichs I., durch Tausch mit dem Kloster Hersfeld, dessen Laienabt Otto der Erlauchte war, an die Liudolfinger gekommen zu sein. Lange war jedoch das acht Kilometer nordöstlich von Tilleda gelegene Wallhausen die bevorzugte Pfalz der Liudolfinger. Hier feierte der spätere König Heinrich I. 909 seine Hochzeit mit Mathilde, einer Nachfahrin des Sachsenherzogs Widukind; wahrscheinlich an diesem Ort starb 912 sein Vater Otto der Erlauchte und vermutlich hier wurde im selben Jahr sein Sohn, Otto der Große, geboren. Nach Magdeburg, Quedlinburg und Ingelheim war Wallhausen die Pfalz, die Otto der Große am häufigsten aufsuchte. Möglicherweise lag die Pfalz an der Stelle des heutigen Schlosses, das nun eine Schule beherbergt.

Neben den poltitisch bedeutsameren Pfalzen Allstedt, Wallhausen, Nordhausen oder Pöhlde spielt Tilleda, das in den Urkunden stets nur als „curtis" (Hof) bezeichnet wird, eine eher bescheidene Rolle. Ihr Wert liegt darin, daß sie einerseits in nachmittelalterlicher Zeit nicht überbaut und andererseits als

Grundriß der Gesamtanlage der Pfalz Tilleda (nach Grimm, 1968)

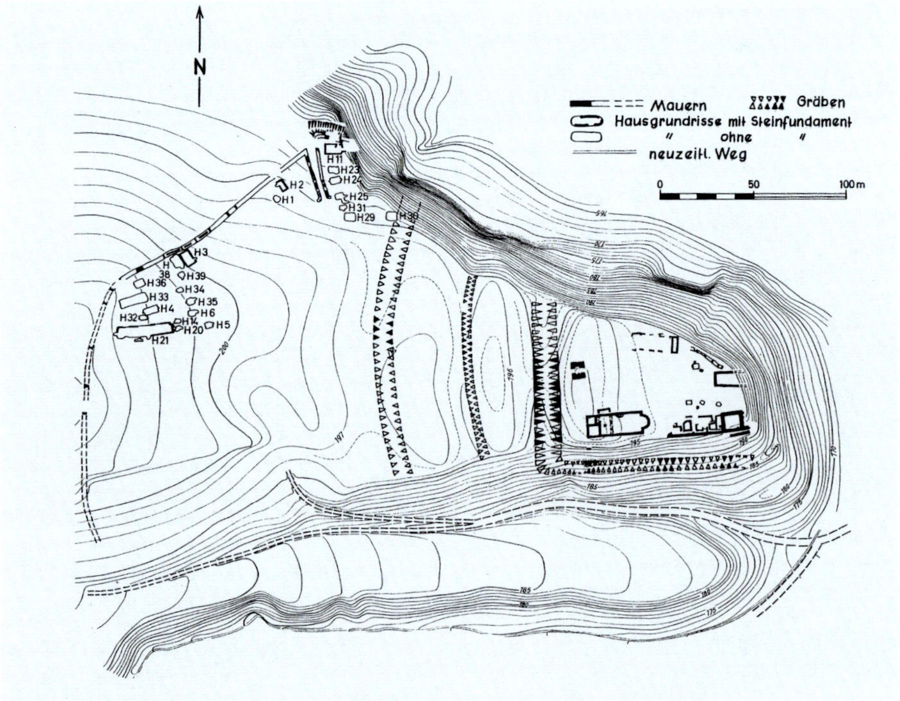
N
Mauern
Gräben
Hausgrundrisse mit Steinfundament
" ohne "
neuzeitl. Weg
0
50
100m
H1
H2
H3
H4
H5
H6
H11
H14
H20
H21
H23
H24
H25
H29
H30
H31
H32
H33
H34
H35
H36
H39

Königspfalz mit der gesamten baulichen und wirtschaftlichen Struktur in den Jahren von 1935 bis 1976 archäologisch ergraben, konserviert und teilweise – wenn auch nicht immer wissenschaftlich, so doch anschaulich – rekonstruiert wurde.

Die Pfalz Tilleda erhob sich auf einem im Westen vom Kyffhäuserberg, im Norden von einem ehemaligen See und im Süden vom Wolwedatal begrenzten Plateau. Zwischen einer großen oberen und einer südlichen unteren Vorburg befand sich die kleine trapezförmige Kernburg mit Wohn- und Repräsentationsbauten. Alle drei Pfalzteile auf dem Bergsporn waren von einem umfangreichen Graben-, Wall- bzw. Mauersystem geschützt. Die beiden Vorburgen beherbergten den Wirtschaftsorganismus der Pfalz. Wohnstätten des Gesindes und der Handwerker, Gebäude zur gewerblichen Produktion, wie der Tuchmacherei, zur Vorratslagerung und zum Wachdienst wechselten sich hier ab. Sie bestanden hauptsächlich aus unterschiedlich großen Grubenhäusern mit lehmbeworfenen Flechtwerkwänden. Zu diesen 235 – für uns heute gar nicht so repräsentativ-königlichen, da nicht aus Stein gebauten – Häusern müssen noch drei Wassermühlen im Wolwedatal, das Tafelgut zur landwirtschaftlichen Produktion für den Tisch des Königs, vielleicht im Flecken Tilleda, sowie Verhüttungsplätze zur Metallverarbeitung hinzugerechnet werden, um das ökonomische Gesamtbild abzurunden. Hier zeigt sich, was für die königliche Hofhaltung des Mittelalters an Logistik notwendig war.

Rekonstruierte Häuser der Vorburg

Anschrift
Freilichtmuseum
Königspfalz Tilleda
Schulstraße 4
06537 Tilleda
Tel.: (034651) 29 23

Öffnungszeiten
April–Okt.:
tägl. 10.00–18.00 Uhr,
Nov.–März:
tägl. 10.00–16.00 Uhr,

Eintrittspreise
Erw. 4,– DM, Erm. 2,– DM

Führungen
Videovorführung 25 Min;
Führungen (Dauer
ca. 1 Stunde)
Anmeldung erwünscht

**Ansprechpartner für
Führungen**
Freilichtmuseum
Königspfalz Tilleda s. o.

Spezialführungen
Kinderführung, Quiz,

Töpfern, Kinderritterspiele,
Besichtigung in mittelalterl.
Kleidung, Projekttage für
Schüler, Geschichte zum
Anfassen für Schulen,
Knüppelkuchen (nach
Voranmeldung)
(2,– DM/Schüler
Unkostenbeitrag)

Gastronomie
Pfalzcafè
(Apr.–Okt. geöffnet)
Di–So 11.00–18.00 Uhr,
Spezialität: Pfalzplatte,
selbstgebackener Kuchen

Unser Tip
jährl. Ritterspiele auf der
Königspfalz, Ritteressen im
„Landhotel Sachsenhof" in
Kelbra (7 km entfernt),
Tel.: (034651) 41 40

Angebote
Kyffhäuserdenkmal,
Europastadt Stolberg,
Heimkehle in Uftrungen,
Schloß und Erlebnisbad

Thyragrotte,
Barbarossahöhle Rottleben

Anreise mit PKW
B 80 bis Sangerhausen ü.
Riethnordh. oder B 85 bis
Kelbra oder B 86 bis
Edersleben u. weiter auf
der Landstraße bis Tilleda

Anreise mit ÖPNV
Bahn bis Sangerhausen
bzw. Berga-Kelbra, dann
weiter mit dem Bus
(Mo–Fr)

Parkplätze
20 Parkplätze für PKW,
2 für Busse
(Apr.–Okt. 2,– DM
Gebühr)

**Verkaufsangebot im
Bauwerk**
Infomaterial, Broschüren,
Bücher, Töpferwaren,
Rittersortiment (Sommer)

Die durch steinerne Bauten herausgehobene Kernburg wurde von einer großen Baugruppe beherrscht, die aus einem Wohnturm – wahrscheinlich die Wohnung des Herrschers – und einer Kapelle bestand. Der erste Sakralbau aus der 2. Hälfte des 10. Jahrhunderts war nur ein rechteckiger Saalbau, der noch in ottonischer Zeit um 1000 um eine fast drei Mal so lange arkadenbestandene Kirche mit eingezogener, um zwei Stufen erhöhter halbrunder Apsis und zweigeschossiger Vorhalle mit Empore ersetzt wurde. Diese Empore bildete den Übergang zum nördlich anschließenden Wohnturm. In der nahen Burg Kyffhausen kann man eine gleichartige und gleichzeitige Baugruppe noch in ihrer architektonisch-dreidimensionalen Wirkung erleben. Neben verschiedenen Gruben- und Pfostenhäusern mit unterschiedlichen Funktionen befand sich am Ostende der Kernburg ein mehr als 12 Meter langer rechteckiger Saalbau, der wahrscheinlich als Fest- und Versammlungshalle genutzt wurde und bereits im hohen Mittelalter einstürzte.

Tilleda wurde 972 Theophanu, der Gemahlin Ottos II., als Brautschatz übertragen. Aufenthalte liudolfingischer und salischer Könige lassen sich durch Beurkundungen für Otto II. 974, für Otto III. 993, für Konrad II. 1031, 1035 und 1036 sowie für Heinrich III. 1041 und 1042 nachweisen. Noch bis

Rekonstruktionsversuch einer mittelalterlichen Wohnsituation

ins 13. Jahrhundert bleibt Tilleda, das im 12. Jahrhundert umfassend umgebaut wird, Reichspfalz im Schatten der staufischen Burg Kyffhausen. Hier in Tilleda hält sich der Stauferkaiser Friedrich I. Barbarossa 1174 vor seinem fünften Italienzug auf; hier versöhnt sich sein Sohn, Kaiser Heinrich VI., 1194 mit dem aus dem englischem Exil heimgekehrten Gegenspieler seines Vaters, dem Welfen Heinrich dem Löwen. Vor dieser bedeutungsvollen historischen Folie muß Tilleda noch heute verstanden werden. Als reale Silouette beim Rundgang dient dabei der Kyffhäuser mit dem 1890 bis 1896 errichteten monumentalen Denkmal für Wilhelm I., wo auch der riesige Rotbart Friedrich I. in Sandstein schlummernd über seiner Pfalz Tilleda wacht.

Häusergrundrisse der Kernburg

Burg
Querfurt

Gewaltig ist die Wirkung der Burg Querfurt, die sich als eine der ältesten und größten Burgen Deutschlands über die gleichnamige Stadt an der Querne erhebt. Sechsmal fände die Wartburg in ihren Mauern Platz. Wie Tilleda wird sie als „Curnefurdeburg" schon im Zehntverzeichnis des Klosters Hersfeld 881/ 899 genannt, das auch die Siedlung „Curnfurt" erwähnt. Im Grenzbereich von Thüringen, Sachsen und den slawischen Gebieten entwickelte sie sich aus einem karolingischen Militärstützpunkt. Bereits im 10. Jahrhundert ist die Burg im Besitz der Edelherren von Querfurt; 1496 erlischt dieses einflußreiche Adelsgeschlecht, das in der hoch- und spätmittelalterlichen Landesgeschichte eine bedeutende Stellung einnahm. So ging die jüngere Linie der Grafen von Mansfeld auf die Edelherren von Querrfurt zurück, die auch als Magdeburger Burggrafen walteten. Der bedeutendste Vertreter der Familie war der um 974 geborene hl. Brun. Er besuchte gemeinsam mit dem Geschichtsschreiber Thietmar von Merseburg die Magdeburger Domschule, wurde dann ebenfalls in Magdeburg Domherr und 997 zum Hofkapellan Ottos III. berufen. Durch den Märtyrertod Adalberts von Prag tief erschüttert, wollte er dessen Vorbild folgen und trat 998 in den römischen Benediktinerkonvent SS. Bonifatius et Ale-

„Einer von meinen Altersgenossen und Mitschülern aus vornehmstem Geschlecht war Brun [von Querfurt], durch die Gnade Gottes mehr als die anderen Mitglieder seiner Familie ein Auserwählter unter den Kindern des Herrn."

Thietmar von Merseburg, Chronik

Grundriß der mittelalterlichen Gesamtanlage mit Burgkapelle in der Mitte (nach Glatzel, 1979)

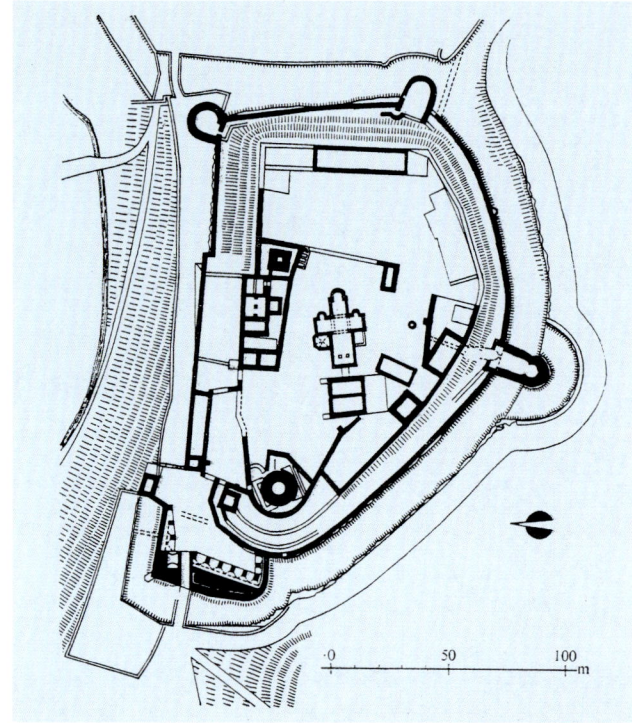

S. 72–73: Sarkophag Gebhardts XIV. in der Burgkapelle

xius ein. Im Jahre 1004 wurde er von Bischof Tagino von Magdeburg zum Missionserzbischof geweiht. Brun predigte in den folgenden Jahren in Ungarn (1003/1004), in Rußland (1005/1007) und in Polen (1008/1009). In einem Brief tadelte er 1008 König Heinrich II., da dieser sich mit dem heidnischen Slawenstamm der Lutizen gegen die christlichen Polen ver-

Rundbastion mit „Dickem Heinrich", Pallas und Fürstenhaus

74

Anschrift
Landkreis Merseburg-
Querfurt
Museum Burg Querfurt
06268 Querfurt

Öffnungszeiten
Di–So 9.00–17.00 Uhr

Eintrittspreise
Erw. 5,– DM, Erm. 3,– DM
Führungen:
Erw. 7,– DM, Erm. 4,– DM,
Gruppen ab 10 Pers.
4,– DM/Pers.,
Schülergr. 3,– DM/Pers.

Führungen
Sa/So 10.00 u. 14.00 Uhr
wochentags nach
vorheriger Vereinbarung

**Ansprechpartner für
Führungen**
Museum Burg Querfurt
06268 Querfurt

Tel.: (034771) 5 21 90
Tel.: (034771) 52 19 99

Spezialführungen
Bauernmuseum mit
mittelalterl. Bauerngarten,
Kräutergarten,
Schulprojekte (z. B.
Ottonen)

Ausstellungen
Burgenkunde,
Stadtgeschichte Querfurt,
Ur- und Frühgeschichte der
Region, gotische Plastik,
Gemäldeausstellung,
Geschützausstellung,
Bauernhof mit Schmiede

Gastronomie
Museumscafé,
Ritteressen auf der Burg
nach Voranmeldung

Unser Tip
Pariser Turm besteigen und
Aussicht genießen,

Ottonenausstellung,
mittelalterl. Burgfest

Angebote
Stadtführungen

Anreise mit PKW
an der B 180 von
Naumburg oder Lutherstadt
Eisleben

Anreise mit ÖPNV
Bahn, Buslinien

Parkplätze
250 Parkplätze für PKW,
7 für Busse (beim Burgfest
mit Parkgebühr)

Informationsmaterial
div. Hefte u. Bücher

**Verkaufsangebot im
Bauwerk**
div. Souvenirs

*Detail vom Sarkophag
Gebhardts XIV. in der
Burgkapelle*

bündet hatte. Im Jahre 1009 machte er sich zur Mission der
Pruzzen (Preußen) auf, in deren Gebiet er zusammen mit achtzehn Gefährten zum Märtyrer wurde.

Trotz der neuzeitlichen Umbauten unter den Erzbischöfen von
Magdeburg (1496–1628) oder der Sekundogenitur der Herzöge
von Sachsen-Weißenfels-Querfurt (1665–1746) besitzt die
Burg am Steilabhang der Querfurter Platte noch weitgehend
ihre mittelalterliche Bausubstanz. Durch den guten Erhal-

*Gesamtansicht der Burg
von Süden*

tungszustand lassen sich beispielhaft die Grundzüge des mittelalterlichen und frühneuzeitlichen Burgenbaus ablesen: die mächtigen Bastionen mit den 16 Meter tiefen Trockengräben, der „Dicke Heinrich" als um 1070 errichteter Wehrturm mit fast 15 Metern Durchmesser, das als Museum genutzte Korn- und Rüsthaus der Renaissance und der barocke Fürstenbau. Die freistehende einschiffige Burgkirche des 12. Jahrhunderts birgt die mit einer vollplastischen Liegefigur bekrönte Tumba des 1383 verstorbenen Grafen Gebhardt XIV. von Querfurt; in seiner Feinheit verweist das Grabmal auf die Werkstatt Peter Parlers.

Die ausgedehnte hölzerne Burgsiedlung wurde im 10./11. Jahrhundert nach und nach durch Steinbauten ersetzt. Dazu gehört auch die älteste nachgewiesene Burgringmauer nördlich des Kornhauses. Der querrechteckige Sockelbau des Dicken Heinrich mit möglicherweise angebauter Wendeltreppe stammt ebenso wie ein Wohnhaus unter dem Fürstenbau und die Vorgängeranlagen unter dem Kornhaus aus ottonischer Zeit. Besonders die Qualität der Bauten unter dem Kornhaus – das zweigeschossige Wohnhaus wie das aufwendige zweijochige, gewölbte Torhaus – beeindrucken noch heute. In der zweiten Hälfte des 10. Jahrhunderts errichteten die Herren von Querfurt auch die erste Kirche in ihrer Burg, die als Saalkirche mit halbrunder Apsis, Stiftergrab und Taufbecken nachgewiesen ist. Nach der Gründung eines Kollegiatstiftes an der Kirche durch den hl. Brun begann man um 1004 einen größeren Bau zu errichten, von dem nur Apsis und quadratischer Chor fertiggestellt wurden. Ansonsten wurden an den älteren Bau Annexbauten für Grablegen der Familie angefügt.

Mit diesen Gebäuden aus ottonischer Zeit wird die im weiteren Mittelalter um- und ausgebaute Burganlage in ihren Grundzügen fixiert. Gerade das 12. und das 14. Jahrhundert

haben dabei kunstgeschichtlich Bedeutendes geleistet. Hier ist vor allem auf die kreuzförmige Burgkirche mit drei Ostapsiden und oktogonalem Turm über der Vierung hinzuweisen, die nach 1150 als Memorialbau zu Ehren des hl. Brun neu gebaut wurde. Nachdem westlich von Querfurt das nicht mehr erhaltene Mariazell als Haus- und Grabkloster der Familie begründet wurde, überführten die Querfurter ihre Vorfahren dorthin und weihten den Neubau der Burgkirche der Muttergottes und den Heiligen Petrus, Paulus und Brun. Gestufte Portale führen im Norden und Süden des Langhauses ins Innere; über die auf einer steinernen Arkade ruhende Westempore konnten die Herren von Querfurt vom benachbarten Palas, dem heutigen Fürstenhaus, die Kirche betreten. Bis ins Spätmittelalter war die Kirche wirtschaftlich gut ausgestattet und mit bis zu 15 Kanonikern besetzt, die nicht nur an Bruns Todes- und Heiligentag, dem 9. März, diesem Heiligen gedachten.

Barocke Dekoration des Vierungsturmes der Burgkapelle

Vierungsraum der Burgkapelle

Klosterkirche St. Marien in
Memleben

„Und als er merkte,
daß sich die Krank-
heit verschlimmerte,
rief er [König Hein-
rich I.] den ganzen
Adel zu sich und
bestimmte seinen
Sohn Otto zum
König, während er
Güter und Schätze an
die übrigen Söhne
verteilte; aber Otto,
den Ältesten und
Besten, stellte er über
seine Brüder und das
ganze Frankenreich."

*Widukind von Corvey,
Sachsengeschichte*

An den sonnigen Südhängen der Täler von Saale und Unstrut wird seit über 1000 Jahren Wein angebaut. Die Zisterzienser des Klosters Pforta entwickeln im 12. Jahrhundert neue Anbaumethoden und die reichen Bürger Naumburgs, Jenas, Weimars und Erfurts dehnen im 15. und 16. Jahrhundert die Rebflächen des Gebiets auf über 6000 Hektar aus. Die Weinregion Saale-Unstrut zählt heute mit um 500 Hektar Rebfläche zu den kleinsten Weinanbaugebieten Deutschlands und ist das nördlichste geschlossene Weinanbaugebiet Europas.

Der Ort Memleben, für den in einer in Ravenna 998 ausgestellten Urkunde Kaiser Ottos III. erstmals Weinberge an Saale und Unstrut nachgewiesen werden, liegt am rechten Ufer der Unstrut in einer Geländemulde, die an drei Seiten von einer bewaldeten Hügelkette und im Westen von der Goldenen Aue eingefaßt wird. Herausgehobene Bedeutung erlangte die Pfalz, als hier 936 Heinrich I., der erste König aus dem Hause der Liudolfinger, verstarb. Sein Leichnam wurde in Heinrichs Lieblingspfalz Quedlinburg überführt und in der dortigen Pfalzkirche auf dem Stiftsberg beigesetzt. Als Erinnerungsort an seinen Vater erhielt Memleben für Otto I. eine besondere Bedeutung. Er hielt sich nicht nur häufig hier auf, sondern stiftete wahrscheinlich schon 942 einen Neu- oder Umbau der Pfalzkirche St. Marien. Von Merseburg kommend besuchte Otto I. 973 Memleben, um hier am 7. Mai, dem Mittwoch vor Pfingsten, zu sterben. Sein Leichnam wurde einbalsamiert, nach Magdeburg verbracht und im Dom beigesetzt. Seine Eingeweide bestattete man jedoch gesondert in der Memlebener Marienkirche.

Otto II., der Sohn und Thronerbe, brachte dem Sterbeort seines Vaters und Großvaters außerordentliche Wertschätzung entgegen. Neben häufigen Besuchen stiftete er zwischen 976 und 979 bei der Marienkirche ein Benediktinerkloster, das er mit großem Besitz und besonderen Rechten ausstattete. Er unterstellte es direkt König und Papst, wodurch es von örtlichen Bischöfen unabhängig wurde. Papst Benedikt VII.

Apsis der gotischen Stiftskirche (nach Puttrich-Geyser, 1837)

Ergrabener und rekonstruierter Grundriß des gesamten Stiftsgeländes von Memleben mit ottonischer (links) und gotischer Kirche (rechts) (nach Leopold, 1998)

bestätigte die Privilegien und bestimmte für den Memlebener Abt die Ranggleichheit mit den Äbten der großen Reichsklöster. Der Nachfolger Otto III. setzte die Stiftertätigkeit für das Kloster fort und auch Heinrich II. bestätigte bei seinem Amtsantritt 1002 die von seinen Vorgängern übertragenen Rechte und Besitzungen. Mit dem letzten ottonischen Herrscher Heinrich II. tritt Memleben jedoch 1015 in die Reihe der üblichen Klostergründungen zurück. Heinrich hatte eigene kirchenpolitische Ambitionen, denn er wollte in Bamberg ein neues Bistum gründen. Um dafür umfangreiche Besitzungen zu sichern, benötigte er die Unterstützung der reichen Abtei Hersfeld. Durch Tausch übereignete er in fünf Urkunden das Kloster Memleben an den Hersfelder Abt Arnold und erhielt von diesem gleichwertiges Territorium für sein neues Bistum zurück. Dieses Verfahren, die faktische Aufhebung einer Reichsabtei, die Absetzung und Vertreibung des dagegen opponierenden Abtes Reinhold und seiner Mönche wurden von den Zeitgenossen kritisch betrachtet.

Die dreischiffige Basilika Ottos II. war in ihren Abmessungen eine der größten und im Baustil modernsten Kirchen ihrer Zeit. Sie besaß zwei Querhäuser mit ausgeschiedener Vierung und zwei Chorapsiden mit Krypten. Von der imposanten ottonischen Kirche sind nur noch Reste, wie das südliche Querhaus mit dem „Kaisertor", die südliche Langhauswand mit dem Gewänderest eines großen Seitenschiffsfensters und der südwestliche Vierungspfeiler erhalten. Diese monumentalen Bau-

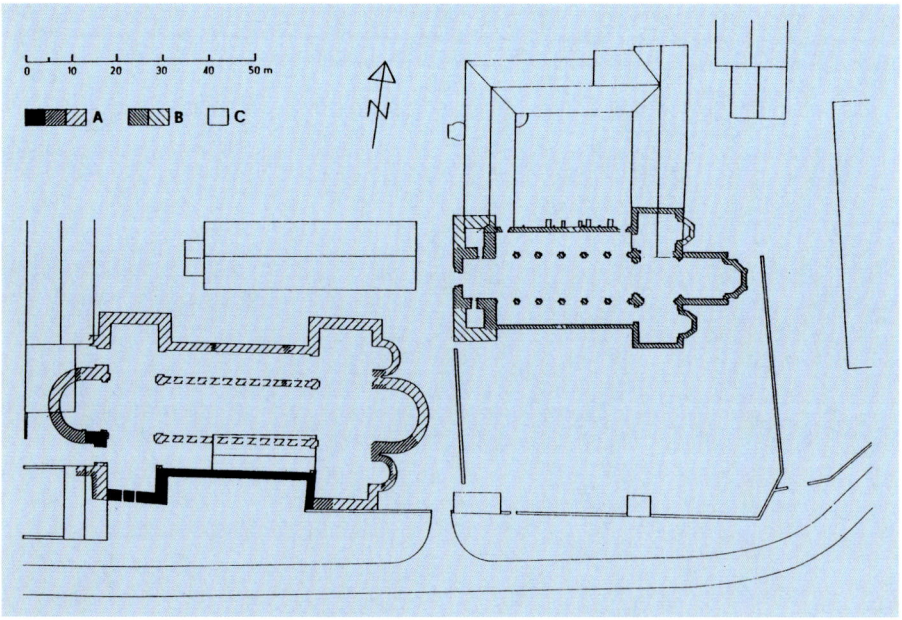

Rekonstruierte Aufsicht der ottonischen Kirche (nach Leopold, 1998)

S. 78: Pflanzenkapitell aus der Krypta

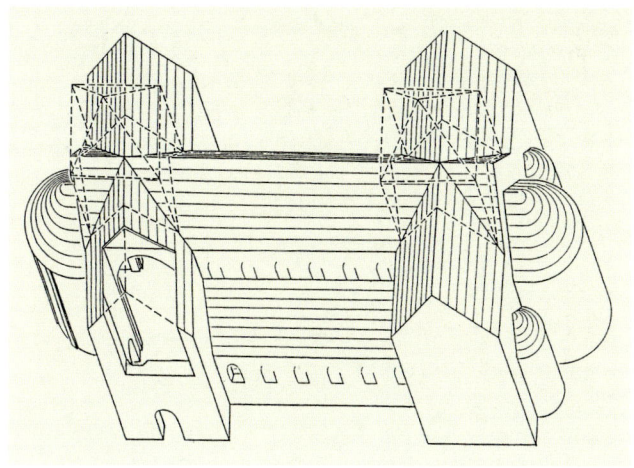

teile und der Grundriß der 82 Meter langen und 40 Meter breiten Kirche zeigen uns jedoch noch heute, welche Bedeutung die Anlage um das Jahr 1000 hatte. In Memleben wurde vielleicht ein Gründungsbau der imperialen Klosterbaukunst des deutschen Mittelalters geschaffen, der bereits eine ausgeschiedene Vierung, einen selbständigen Baukörper im Schnittpunkt von Langhaus und Querhaus, und ein gebundenes System, bei der dieses Vierungsquadrat das Grundmaß für die Ausdehnung von Lang- und Querhaus abgibt, besaß.

Idylle mit gotischer Kirche (nach Puttrich-Geyser, 1837)

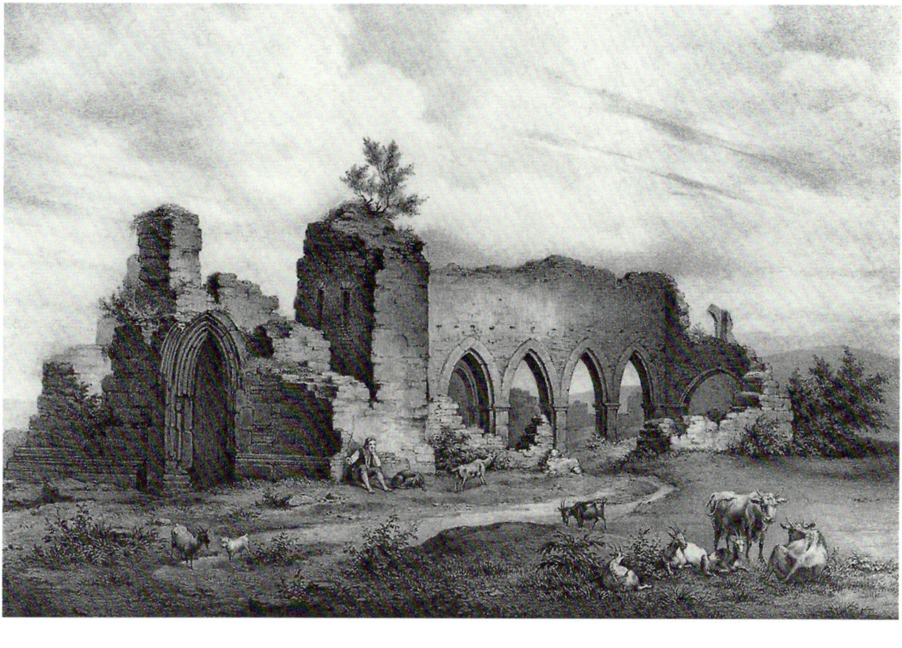

Langhausarkaden der gotischen Kirche

Anschrift
Klosterruine St. Marien
Thomas-Müntzer-Str. 13
06642 Memleben

Öffnungszeiten
15. März–14. Okt.:
täglich 10.00–12.00 Uhr
u. 13.00–18.00 Uhr
15. Okt.–28. Nov.:
täglich 10.00–16.00 Uhr,
ab 29. Nov. nach
schriftlicher oder
telefonischer Anmeldung
Führungen möglich

Eintrittspreise
auf telef. Nachfrage

Führungen
innerhalb der
Öffnungszeiten, Gruppen
bitte mit Voranmeldung

**Ansprechpartner für
Führungen**
Verein des Klosters und der
Kaiserpfalz Memleben
Volkmar-Kroll-Str. 22
06642 Memleben
Tel.: (034672) 6 02 74
Fax: (034672) 9 34 09

Spezialführungen
Schülerführungen

Ausstellungen
Dauerausstellung:
„Memleben – Sterbeort
Kaiser Otto des Großen"

Gastronomie
im Sommer an den
Wochenenden
„Straußenwirtschaft"
(Weinausschank)

Unser Tip
Burgruine Wendelstein

Anreise mit PKW
ü. B 250 u. B 176 aus
Richtg. Naumburg/
Eckartsberga bzw.
Querfurt, mit dem Fahrrad
auf dem
Unstrutradwanderweg

Anreise mit ÖPNV
Strecke 610 des PVG
Naumburg (nur Mo–Fr,
3 x täglich)

Parkplätze
25 Parkplätze für PKW,
5 für Busse

**Verkaufsangebot im
Bauwerk**
Postkarten, Kunstführer,
Buch zur Ausstellung,
Souvenirs u. a. m.

In ihren Ausmaßen und ihren Bauformen wird sie Anregungen für den Großkirchenbau der Folgezeit bis hin zu St. Mi-

Ostkrypta der gotischen Stiftskirche

chael in Hildesheim, das der Erzieher Ottos III., Bischof Bernward von Hildesheim (reg. 993–1022) errichtete, gegeben haben. Als Vorbild diente wahrscheinlich einer der damals fortschrittlichsten Kirchenbauten, der Kölner Dom, wo der Bruder Ottos des Großen, Brun (925–965) auch als bauender Erzbischof gewirkt hatte. Möglicherweise ist dieser Großbau, dessen genaue Funktion nicht schlüssig geklärt ist, nie ganz fertiggestellt worden. Die Aufhebung des Bistums Merseburg durch Otto II. 981 und dessen Neugründung 1004 durch Heinrich II. spielten dabei eine Rolle. Vielleicht wurde der Bau als monumentale Grabkirche Kaiser Ottos II. geplant, der auf einem Italienzug 983 plötzlich in Rom verstarb und im Atrium der alten Peterskirche seine letzte Ruhestätte fand. Die zum Kloster gehörige, üblicherweise an die Kirche angebaute Klausur der Benediktiner sowie die eigentliche Pfalzanlage konnten bisher archäologisch nicht nachgewiesen werden.

Pflanzliches Kapitell in der Krypta

Der bis zur Aufhebung 1551 weiter wohlhabende, aber kirchenpolitisch unbedeutende Konvent errichtete Anfang des 13. Jahrhunderts nordöstlich der ottonischen Basilika eine zweite, seinen liturgischen Bedürfnissen genügende Klosterkirche. Die ebenfalls Maria geweihte kreuzförmige Pfeilerbasilika mit einem Zweiturmbau im Westen, zwei Querhausapsiden, quadratischem Chor mit eingezogener Apsis ist als spätromanisch-frühgotische Ruine auf uns gekommen. Die vollständig erhaltene dreischiffige Ostkrypta mit Kreuzgratgewölben gehört zu den letzten echten Chorkrypten.

Das Langhaus der gotischen Kirche als Teil des Landschaftsgartens

Dom St. Peter und Paul in
Zeitz

„Boso hatte im Kloster des Märtyrers Emmeram, das südlich von Regensburg liegt, als Mönch ein beschauliches Leben geführt, war dann in den Dienst des Kaisers berufen worden und hatte dann zur Belohnung die Leitung der Kirche in Zeitz erhalten."

Thietmar von Merseburg, Chronik

Im Gebiet von Zeitz war seit Mitte des 10. Jahrhunderts Boso, Mönch aus St. Emmeram, tätig. Über seine Missionstätigkeit berichtet Thietmar von Merseburg folgendes: „Um die ihm anvertrauten Seelen leichter unterrichten zu können, hatte er eine Anweisung in slawischer Sprache geschrieben und bat die Slawen, das Kyrie eleison zu singen, dessen Sinn er ihnen erklärte. Da aber verdrehten die Heillosen das Wort zum Spott zu „Ukrivolsa", was in unserer Sprache heißt: „Die Erle steht im Busch." Boso ließ sich von solchen Rückschlägen nicht entmutigen und errichtete in der Nähe von Zeitz eine steinerne Kirche. Auf der Synode von Ravenna 967 wurde in Anwesenheit von Papst Johannes XII. und Kaiser Otto dem Großen die Gründung des Erzbistums Magdeburg beschlossen. Am Weihnachtstag 968 wurden die Bischöfe, der neuen Kirchenprovinz geweiht. Zu diesen zählte Hugo I. (968–979), der vorher Mönch des Klosters Fulda gewesen war; ein Grabsteinfragment, das an den ersten Zeitzer Bischof erinnert, ist an der Nordwand des Dominneren eingemauert. Durch die vorgeschobene Lage des Bistums Zeitz gab es immer wieder slawische Einfälle, worunter die Zerstörung von 976/977 durch ein böhmisches Heer unter Führung des sächsischen Grafen Dedi von Wettin besonders zu erwähnen ist. Bereits 1028 wird der Zeitzer Bischofssitz nach Naumburg verlegt.

*Westfassade des zentralen
Schloßhofes*

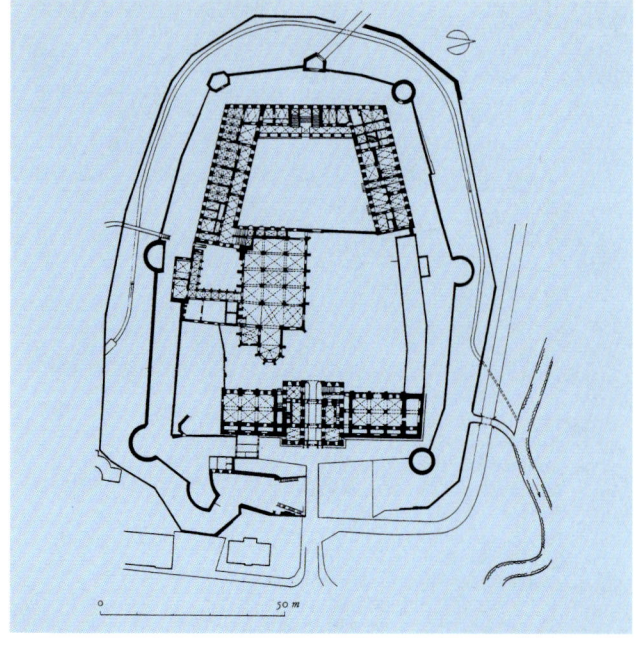

*Grundriß der
Gesamtanlage von
Domstift und Schloß Zeitz
mit Domkirche in der
Mitte (nach Dehio, 1999)*

Das Geschlecht der Ekkehardinger war unter den Ottonen zu mächtigen Markgrafen aufgestiegen. Dort, wo die Unstrut in die Saale mündet, auf einer Bergterrasse gründete der 1002 ermordete Markgraf Ekkehard I., der 985 durch sein Eintreten für den minderjährigen Otto III. von Kaiserin Theophanu mit der Markgrafschaft Meißen belehnt worden war, den neuen Stammsitz und die Stadt Naumburg. Seine beiden Söhne Hermann und Ekkehard II. sicherten das väterliche Erbe und gründeten in der Vorburg eine Stiftskirche als Grablege. Um die

*S. 84: Spätgotischer
Gewölbestein des Domes*

*S. 85: Sarkophag aus der
Gruft der Herzöge von
Sachsen-Zeitz in der
Domkrypta*

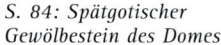

*Spätottonische Domkrypta
mit barocker Grablege der
Herzöge von Sachsen-
Zeitz*

Anschrift
Katholisches Pfarramt
St. Peter und Paul
Schloßstraße 7
06712 Zeitz

Öffnungszeiten
Di–So 10.00–17.00 Uhr

Eintrittspreise
im Dom keine, Spenden
erwünscht, Schloß 5,– DM,
Erm. 2,50 DM

Führungen
bei Bedarf und auf
Wunsch,
Gruppen werden um
vorherige Anmeldung
gebeten unter
Tel.: (03441) 21 13 91

**Ansprechpartner für
Führungen**
Herr Möhwald
Schloßstraße 7
06712 Zeitz
Tel.: (03441) 21 13 91
Fax: (03441) 21 16 54

Spezialführungen
für Kinder u. Jugendliche,
in Englisch, Reisegruppen
(Anmeldung ca. 1 Woche
vorher)

Ausstellungen
über Ausgrabungen und
Funde im und am Dom,
Ausstellungen mit
Kinderwagen, hist. Möbeln,
zur Stadtgeschichte im
Schloßmuseum

Gastronomie
Schloßgaststätte mit
gutbürgerl. Küche

Unser Tip
viele
museumspädagogische
Angebote für Kinder, zu
erfragen unter
Tel.: (03441) 21 25 46

Angebote
Radtouren entlang Elster o.
Saale, Schwimmhalle,
Erlebnisbäder in Bad

Klosterlausnitz und Bad
Lausick, Hermannschacht in
Grana, Führungen im
unterirdischen Zeitz,
Schloßmuseum Moritzburg

Anreise mit PKW
A 9 Abf. Osterfeld, B 91,
B 2, B 180

Anreise mit ÖPNV
Bhf. Zeitz,
Burgenlandbahn

Parkplätze
25 Parkplätze für PKW,
1 für Busse, ca. 5 Min.
entf.

Informationsmaterial
div. Publikationen

**Verkaufsangebot im
Bauwerk**
Angebote in der Moritzburg

„Keselieb" im Dom

Ekkehardinger an sich zu binden, verfügte 1028 der salische
Kaiser Konrad II. (reg. 1024–1039) im Einvernehmen mit
Bischof Hildeward (reg. 1003–1032) die Verlegung des Zeitzer
Bischofssitzes an die Naumburger Stiftskirche.
Seit 1285 residierten die Bischöfe wieder in Zeitz. Das nach der
Verlegung des Bischofssitzes nach Naumburg in Zeitz verblie-

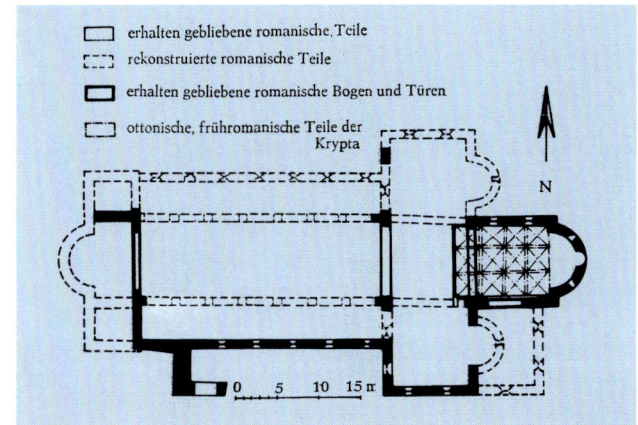

erhalten gebliebene romanische Teile
rekonstruierte romanische Teile
erhalten gebliebene romanische Bogen und Türen
ottonische, frühromanische Teile der
Krypta

*Rekonstruktion des
ottonischen und
romanischen Zeitzer
Domes*

Kanzel im Langhaus (Zustand 1992)

S. 89:
Derselbe Raumbereich nach der Sanierung (Zustand 2000)

Barocker Engel als Lesungspult

bene Kollegiatstift versuchte beharrlich, seine Stellung gegenüber dem Naumburger Domkapitel zu wahren und zu erweitern. Der im Schutze der Burg gelegene Ort entwickelte sich als Handelsplatz an der Salzstraße von Nürnberg nach Leipzig. Nach den Übergängen von Reformation 1542 und Gegenreformation 1547 wird das Bistum 1564 dem Kurfürstentum Sachsen inkorporiert. Ähnlich wie bei Sachsen-Weißenfels-Querfurt so wird auch Zeitz mit der sächsischen Sekundogenitur Sachsen-Zeitz von 1657 bis 1718 eigenständiges Fürstentum. Bischofsburg und Kollegiatsstiftskirche werden dementsprechend zu einer barocken Residenz mit Schloßkirche ausgebaut, zu der auch die Grablege der Fürsten in der Krypta der ehemaligen Bischofskirche gehört.

Otto der Große stiftete 968 die auf einem Bergvorsprung über der Weißen Elster am Rande der Leipziger Tieflandsbucht gelegene Königsburg Zeitz als Burg der Zeitzer Bischöfe. Die in den Mauern dieser Residenz befindliche erste Bischofskirche Hugos ist unbekannt, war vielleicht aus Holz errichtet und wurde bei den genannten Überfällen in Mitleidenschaft gezogen. Einen Neubau um 1050 bildete eine dreischiffige, kreuzförmige, flachgedeckte Basilika mit doppeltürmigem Westbau. Von diesem Bau oder schon von einem früheren Umbau hat sich die dreischiffige, vierjochige Hallenkrypta mit Apsis unter dem Chor erhalten. Ihre auf acht Säulen ruhenden gratigen Kreuzgewölbe und ihr Bauschmuck lassen sich mit der Quedlinburger Servatiuskrypta gut vergleichen.

Die heutige Kirche, St. Peter und Paul geweiht, ist eine zwischen 1429, dem Hussitensturm auf Zeitz, und 1497 fertiggestellte spätgotische turmlose Halle mit dreischiffigem, vierjochigem, kreuzrippen- bzw. netzgewölbtem Langhaus. Eine Verbindung mit dem Langhaus des gleichzeitig eingewölbten Erfurter Domes ist zu vermuten. Geschmückt werden die Hallenpfeiler von elf, ursprünglich sechzehn fast lebensgroßen, gleichzeitig geschaffenen Apostel- und Heiligenfiguren aus Balgstädter Muschelkalk. Der Ostbereich des Domes setzt sich aus Querhaus und Langchor mit polygonaler Apsis auf romanischen Bauteilen zusammen. Bereits um 1400 wurde der südlich an den Dom grenzende Kreuzgang neu errichtet, wobei ebenfalls romanische Teile mitgenutzt wurden. Der Wiederaufbau des teilweise eingestürzten nördlichen Querhauses des Domes wurde 1536 abgeschlossen. Neben dem neuen Querhausportal wurde gleichzeitig eine Gedenkinschrift über die Bistumsgründung angebracht: „Otto, dem Großen, römischen Kaiser, dem frommen, glücklichen, dem Mehrer (des Reiches) für die einzigartige Auszeichnung, mit der er unser Deutschland geschmückt hat, dadurch, daß er seine Herrschaft über den Erdkreis an dieser übertrug, und für seine hervorragende Güte, mit der er die Kirchen Gottes liebend umfaßte. Er ist der

Heiligenfiguren an den Bündelpfeilern des Langhauses

Blick in Langhaus und Seitenschiffe nach Westen

erste, der diese (Kirche) mit der Schenkung vieler Einkünfte errichtet hat".

Das Innere wird ganz von dem frühbarocken Geschmack der neuen Herzöge von Sachsen-Zeitz bestimmt, die ihre nunmehrige Schloß- und Grabkirche St. Trinitatis 1664 neu weihen lassen. Dazu gehören eine zweigeschossige prunkvolle Altarschauwand, Chorschanken und eine Doppelorgelempore im Osten, eine Mittelschiffkanzel sowie eine verglaste Fürstenemporenwand im Westen. Außergewöhnlich zahlreich sind auch die Grabmäler in der Kirche, die die Entwicklung zwischen Spätgotik und Frühbarock vom 15. bis 17. Jahrhundert wiederspiegeln und worunter die gravierten Bronzeplatten der Bischöfe Johannes II. von Schleinitz (†1434), Peter von Schleinitz (†1463) und Georg von Haugwitz (†1463) zu nennen sind. Als künstlerisch bedeutendste Arbeit ist das Renaissanceepitaph des letzten katholischen Bischofs Julius von Pflug (reg. 1547–1564) mit lebensgroßer Darstellung und eindrucksvoller Charakterisierung des Kirchenfürsten und Humanisten herauszustellen. In einer Hohlkehle des südwestlichen Wandpfeilers der Empore findet sich ein letzter, legendenhafter Hinweis auf den Domstifter Otto I. Das 38 cm hohe angearbeitete Figürchen eines Mannes mit Peitsche, Wagendeichsel und Spruchband „Ich heese Keselieb" stammt aus Zeit um 1440. Der Sage nach soll es sich um einen Bauern aus Rasberg handeln, der als Sühne am ersten ottonischen Zeitzer Kirchenbau durch freiwilligen Fuhrdienst bis zur Verarmung mitgeholfen hat. Doch der Kaiser soll ihn dafür reich belohnt haben.

Monogramm des Fürsten Moritz in der Stuckdecke des Schlosses

Zwischen 1657 und 1678 wird unter Nutzung mittelalterlicher Bauten auch die barocke Dreiflügelanlage des Schlosses mit Torbau, Gärten und Befestigungswerken durch den Architekten Johann Moritz Richter errichtet, in der heute ein Museum unter anderem mit der größten Kinderwagensammlung der Welt untergebracht ist. Nach dem Bauherrn der neuen Sachsen-Zeitzer Linie, Fürst Moritz (1619–1681), hat die Gesamtanlage aus Residenz und Kirche, in die 1663 nun wieder von Naumburg der Regierungssitz verlegt wurde, auch den bis heute gültigen Namen Moritzburg erhalten.

Gotischer Kreuzgang des Domes

Repräsentationsraum der Residenz der Herzöge von Sachsen-Zeitz

91

Dom St. Johannes der Täufer und Laurentius in

Merseburg

„Unter Tränen das Gelübde: Wenn Christus ihm [Otto dem Großen] an diesem Tage [...] in Gnaden Sieg und Leben gäbe, wolle er in der Burg Merseburg [...] ein Bistum errichten und [...] seine große, jüngst begonnene Pfalz für die Kirche ausbauen lassen"

Thietmar von Merseburg, Chronik

Auf dem Hochufer der Saale zwischen den Mündungen von Geisel und Klia gelegen, war Merseburg wahrscheinlich schon Ende des 9. Jahrhunderts, als sie im Hersfelder Zehntverzeichnis „Burg" genannt wurde, Sitz eines Grafen an dem strategisch wichtigen Übergang über die Saale, die die Grenze zu den östlich davon siedelnden Slawen bildete. Vor allem durch seine erste Ehe mit Hatheburg, der Tochter des Merseburger Grafen Erwin, brachte König Heinrich I. das gesamte Merseburger Gebiet in seinen Besitz. Merseburg war einer der wichtigsten Stützpunkte Heinrichs I. zur Eroberung der slawischen Gebiete jenseits der Elbe. Hier stationierte er die sogenannte „Merseburger Schar", die sich aus kriegstüchtigen Verbrechern rekrutierte, die gegen das Versprechen, sich im Kampf mit den Slawen zu bewähren, begnadigt worden waren. Im Jahr 931 errichtete er im südlichen Bereich des Burgberges, den er durch eine Mauer sicherte, eine Kirche, die Johannes dem Täufer gewidmet wurde; als zweiter Patron sollte nach der Bistumsgründung der hl. Laurentius hinzutreten. Die Errichtung des Bistums hatte Otto der Große 955 vor der siegreichen Schlacht auf dem Lechfeld gegen die Ungarn gelobt. Zu dessen Errichtung kam es aber erst 968 im Zusammenhang mit der Gründung des Erzbistums Magdeburg. Das bereits 981 wieder aufgelöste Bistum wurde unter Heinrich II. 1004 neu gegründet. Merseburg gehört zu bedeutendsten deutschen Pfalzen des 10. bis 12. Jahrhunderts. Heinrichs II. hielt sich hier mindestens 26 Mal auf; bis zum Jahr 1252 sind für Merseburg 69 Königsaufenthalte belegt und nicht weniger als 26 Hoftage wurden hier abgehalten. Die Lage der Pfalz ist nicht bekannt; man vermutet sie aber an der Stelle des Bischofsschlosses. Den Sitzungssaal des Ständehauses, in unmittelbarer Nähe des Domes gelegen, schmücken seit 1900 großformatige Wandgemälde von Hugo Vogel, die in historistischer Pose die Taten Otto des Großen rühmen.

Nach der Neugründung des Bistums 1004 und der Einsetzung des bedeutenden Kirchenman-

Rekonstruktion des ottonischen Merseburger Doms (nach Haesler, 1932)

S. 92: Darstellung der Westfassade des Domes aus dem 19. Jahrhundert

S. 93: „Teufelskrallen" im Domkreuzgang

nes und ottonischen Chronisten Thietmar zum Bischof von Merseburg (reg. 1009–1018) legte dieser selbst 1015 nördlich der älteren Anlage den Grundstein für einen Domneubau in der Form des heiligen Kreuzes. In Anwesenheit Heinrichs II. wurde die flachgedeckte Basilika mit Kreuzgang und Klausur bereits 1021 geweiht. Die Büste des Bistumserneuerers Heinrich mit dem Kirchenmodell, gerahmt von den Patronen Johannes und Laurentius, beherrscht auch noch das 1515 fertiggestellte spätgotische Westportal. Gleichzeitige malerische bzw. plastische Darstellungen des liudolfingischen Herrschers und seiner Gemahlin Kunigunde bekrönen auch die nördliche Pforte der Chorschranken, die Chorgestühlwangen und einen Gewölbeschlußstein im Innern des Domes. Auch die Stiftung der beiden spätgotischen Altäre für das heiliggesprochene Herrscherpaar Heinrich und Kunigunde in der Vorhalle sollen die enge Verbindung des Merseburger Stifts mit dem ottonischen Herrscherhaus demonstrieren.

Da die Fundamentierung der östlichen Teile des Thietmarschen Neubaus am Abhang zur Saale anscheinend nur unzureichend war, stürzten diese Teile in der Folge zweimal ein und konnten nach einem grundlegenden Neubau 1042 durch Bischof Hunold in Anwesenheit des salischen Kaisers Heinrich III. endgültig geweiht werden. Der frühromanische Dom ist schon im quadratischen Schematismus gebaut, d. h. die quadratische

Stadtansicht Merseburgs mit Domstift in der Mitte, Stich von M. Merian

Grundfläche der Vierung bildet die Maßeinheit für die Größe von Chor, Querhaus, Langhaus und auch Seitenschiffen. Die Ostteile wurden von einem Querhaus mit zwei halbrunden östlichen Nebenapsiden und von einem Chorquadrat und halbrunder Apsis gebildet. Zwei starke Rundtürme an den Nahtstellen von Chor und Apsis prägten und prägen noch heute das Bild des Domes von der Saale aus. Das anschließende Langhaus wurde westlich von einem Westchor oder einer Art Westwerk abgeschlossen und schon damals von zwei quadratischen Türmen über den letzten Seitenschiffjochen flankiert. Trotz aller späteren Umbauten hat sich diese Grundrißdisposition des Merseburger Domes bis heute erhalten. Frühromanisch sind noch die unteren Partien der gesamten Ostteile einschließlich des Querhauses und der Westtürme, die ganzen Osttürme bis zu der Bedachung hinauf sowie die vollständige Ostkrypta. Dieser 1042 fertiggestellte dreischiffige Raum mit Ostapsis ist eine der ältesten so gut wie unverändert erhaltenen Hallenkrypten des deutschen Mittelalters. Er wird von sechs unterschiedlich gestalteten, hohen und schlanken, säulengeschmückten Pfeilern getragen, die mit Leichtigkeit die gurtlosen Kreuzgratgewölbe zu tragen scheinen. Bemerkenswert ist in dem später eingefügten westlichen Annexraum das Relief des Scheitelsteins, welches die segnende Hand Gottes auf einem Kreuznimbus zeigt.

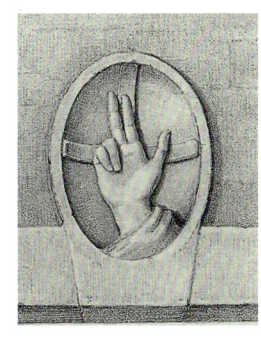

Göttliche Segenshand in der Krypta des Domes

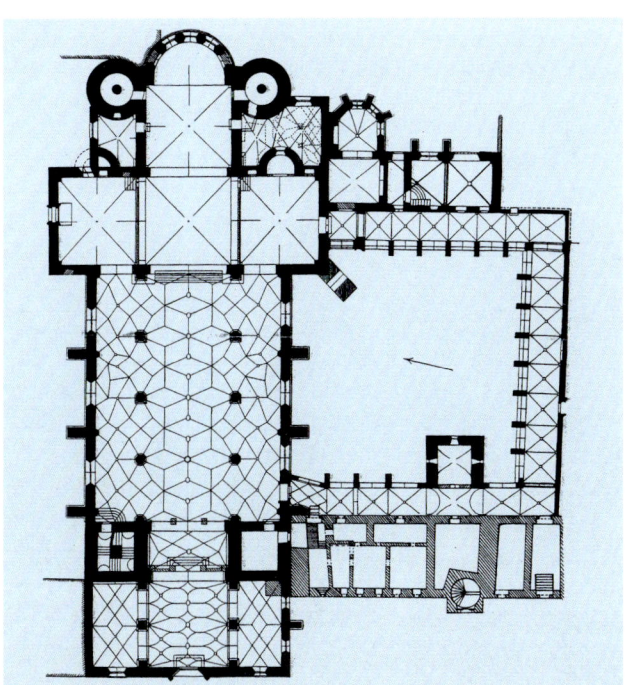

Grundriß des heutigen Domes mit Kreuzgang und Stiftsgebäuden (nach Ramm, 1993)

Romanischer Taufstein mit Heiligenfiguren aus der Merseburger Neumarktkirche

Wappen Bischofs Thilo von Trotha an der Nordseite des Schlosses

rechts:
Blick auf Domstift und Bischofsresidenz Merseburg von der Saale aus

Grabplatte König Rudolfs von Rheinfelden

Anschrift
Domstiftverwaltung
Domplatz 7
06217 Merseburg

Öffnungszeiten
Apr.–Sept.:
Mo–Sa 9.00–12.00 Uhr u.
13.00–18.00 Uhr,
So u. Feiertag
12.00–18.00 Uhr
Oktober:
Mo–Sa 9.00–12.00 Uhr u.
13.00–17.00 Uhr,
So u. Feiertag
12.00–17.00 Uhr
Nov.–Febr.:
Mo–Sa 9.00–12.00 Uhr u.
13.00–16.00 Uhr,
So u. Feiertag
12.00–16.00 Uhr
März:
Mo–Sa 9.00–12.00 Uhr u.
13.00–17.00 Uhr,
So u. Feiertag
12.00–17.00 Uhr

Eintrittspreise
Besichtigung und Führung:
Erw. 6,– DM,
Studenten und
Sozialhilfeempf. 4,– DM,
Schüler 3,– DM

Führungen
während der
Öffnungszeiten zur vollen
Stunde bis 1 h vor
Schließung

**Ansprechpartner für
Führungen**
Kathi Watzel
Domplatz 7
06217 Merseburg
Tel.: (03461) 21 00 45

Spezialführungen
nach Voranmeldung für
Kinder u. Jugendliche

Unser Tip
Merseburger Orgeltage,

Merseburger
Schloßfestspiele

Anreise mit PKW
über B 181, gute
Ausschilderung,
„Krummes Tor" – Eingang
zum Gelände

Anreise mit ÖPNV
mit Bahn und Bus

Parkplätze
10 Parkplätze für PKW,
2 für Busse, Busparkplatz
ca. 250 m entfernt

Informationsmaterial
Faltblatt, Kunstführer

**Verkaufsangebot im
Bauwerk**
Ansichtskarten, CDs,
Bücher, Dia-Serie

Das 12. und 13. Jahrhundert brachte entscheidende Um- und Ausbauten auf den frühromanischen Grundlagen. Zunächst wurden unter anderem um 1160 die Westtürme spätromanisch umgebaut, dann um 1230 unter Bischof Ekkehard von Rabil das Langhaus westlich verlängert und der gesamte Dom gleichsam frühgotisch neugebaut und eingewölbt. Einer der letzten Bischöfe, Thilo von Throtha (1466–1514), brachte den

letzten großen und einschneidenden Umbau des Domes sowie den Bau des angrenzenden bischöflichen Renaissanceschlosses, die beide durch gleichartige Staffelgiebel miteinander zu einem Ganzen verschmolzen wurden. Es entstand der heutige Neubau des Langhauses als dreischiffige Hallenkirche, deren dominantes Netzgewölbe von schlanken achteckigen Pfeilern getragen wird.

Die Ausstattung des Merseburger Domes bietet beste Denkmäler vom 11. bis 19. Jahrhundert, vor allem aus der Spätgotik und dem Barock, da sie als Residenzkirche der Wettiner Nebenlinie diente. An mittelalterlichen Kunstwerken sind besonders das frühgotische Monumentalkruzifix (um 1240) über dem im 16. Jahrhundert abgerissenen Lettner und der aus der Merseburger Neumarktkirche stammende romanische Taufstein (um 1170) zu nennen. Vor allem bietet sich der Dom als Stätte mitteldeutscher Grabmalskunst vom Mittelalter bis zum Klassizismus. Hervorzuheben sind dabei – in chronologischer Reihenfolge – besonders das Grab des Ritters von Hagen (Umfeld des Naumburger Meisters um 1260), des Bischofs Friedrich II. von Hoym (†1382), das Epitaph des Bischofs Johannes II. von Bose (†1463) und Epitaph bzw. Tumba des Renaissancefürsten Thilo von Trotha aus der berühmten Nürnberger Gießhütte von Peter Vischer d. Ä. (um 1490 bzw. um 1514) in seiner Grabkapelle im Nordarm des Querhauses.

Residenz und Schloßgarten der Herzöge von Sachsen-Merseburg

Einmalig in Rang und Qualität ist die in der Vierung vor dem Chor aufgestellte Bronzegrabplatte Rudolfs von Rheinfelden, der 1080 die Schlacht an der Elster als Gegenkönig des Saliers Heinrichs IV. gewinnt, doch nach Verlust der rechten Schwurhand sein Leben läßt. Das älteste Figurengrabmal in Zentraleuropa zeigt den Gegenkönig wie einen christlichen Märtyrer. Ursprünglich vergoldet und mit Edelsteineinlagen in Augen und Kronreif versehen, erscheint der König wie lebend im Königsornat mit Reichszepter und -apfel. Die feine umlaufende Inschrift in romanischen Majuskeln heiligt den scheinbar rechtmäßigen Nachfolger der Ottonen nochmals: „König Rudolf, der für das Recht der Väter hinweggerafft wurde und es verdient, beweint zu werden, liegt in diesem Grabe. Kein König war ihm vergleichbar in Rat und Tat seit Karl (dem Großen), wenn er im Frieden regierte. Wo die Seinen siegten, sank er hin als heiliges Opfer des Krieges. Der Tod war ihm Leben. Er fiel für die Kirche". Im Gegensatz dazu ist das im 13. Jahrhundert erneuerte Grab des sechzig Jahre zuvor verstorbenen Geschichtsschreibers und Merseburger Bischofs Thietmar im Nordquerhaus jetzt inschrift- und schmucklos. Hier schließt sich der Kreis zur Stiftskirche in Walbeck im Nordwesten Sachsen-Anhalts, woher Thietmar stammte, woher also im übertragenen Sinn die ottonische Geschichtsschreibung ihren Ausgang nahm.

Renaissancebrunnen im Hof der Residenz

Dom St. Mauritius und St. Katharina in
Magdeburg

„Auch kostbaren Marrmor, Gold und Edelsteine ließ der Kaiser [Otto der Große] nach Magdeburg bringen, und er befahl, in die Kapitelle aller Säulen die Reliquien der Heiligen sorgsam einzuschließen."

Thietmar von Merseburg, Chronik

Schon 805 wird Magdeburg im Diedenhofener Kapitular Karls des Großen als Amtssitz eines karolingischen Beamten genannt, der an diesem Grenzhandelsort den Warenverkehr mit den Slawen jenseits der Elbe überwachen sollte. Zum Jahr 806 wird erwähnt, daß König Karl, der Sohn Karls des Großen gegenüber von Magdeburg, also wahrscheinlich am östlichen Elbufer, ein Kastell errichtet habe. Danach wird Magdeburg erst 929 wieder genannt, als Otto der Große seiner ersten Gemahlin, der angelsächsischen Königstochter Edgith, den Ort als Morgengabe schenkte. Wahrscheinlich war Magdeburg bis zur Krönung Ottos des Großen 936 der Ehesitz des jungvermählten Paares. Auch später blieb Magdeburg der bevorzugte Aufenthaltsort Ottos des Großen; an keinem anderen Ort seines Reiches weilte er öfter. Ein Jahr nach seiner Thronbesteigung stiftete der König im Jahre 937 ein Benediktinerkloster. Er besetze es mit Reformmönchen aus St. Maximin in Trier, das zu dieser Zeit eines der bedeutendsten Klöster des Reiches war. Das von Otto auch in den darauffolgenden Jahren außerordentlich reich ausgestattete Kloster war dem Soldatenheiligen Mauritius geweiht. Als Königin Edgith, die in der Magdeburger Tradition Editha genannt wird, im Jahre 946 starb, wurde sie in der Kirche des Klosters beigesetzt.

Nach seinem Sieg über die Ungarn 955 auf dem Lechfeld, begann Otto mit dem Bau einer großen Kirche. Dieser Kirchenbau wies bereits auf das große Vorhaben, das erst mehr als ein Jahrzehnt später gelingen sollte: die Gründung des Erzbistums Magdeburg. Auf einer Synode in Ravenna, die 967 in Anwesenheit des Papstes und Ottos des Großen tagte, wurde die Gründung des Erz-

Blick auf den Dom von der Elbe aus

S. 98: Figurenkapitell aus dem Chorumgang des Domes

S. 99: „Otto und Editha", vollplastische gotische Figuren von Christus und Ecclesia (Kirche)

Grundriß vom Dom, Kreuzgang und Gebäuden des Domstiftes (nach Schubert, 1972)

Sechzehneckige Kapelle im Dom

bistums beschlossen und im folgenden Jahr vollzogen. Die Bistümer Brandenburg, Havelberg, Merseburg, Zeitz und Meißen bildeten die Kirchenprovinz der neuen Erzdiözese. Die im Jahr 955 begonnene „nova basilica", wie der Geschichtsschreiber Thietmar von Merseburg sie nennt, wurde zur Kathedrale. Zu ihrer Ausstattung ließ Otto der Große, der seit 962 die Kaiserkrone trug, antike Säulen aus Italien nach Magdeburg schaffen und im Dom verbauen; er folgte damit dem Vorbild Karls des Großen, der für die Aachener Pfalzkapelle das Gleiche getan hatte. Im Jahre 1207 brannte der ottonische Dom aus. Das noch aufrechtstehende Mauerwerk wurde niedergelegt, doch haben sich von diesem Bau der südliche Kreuzgang und Teile der Krypta erhalten. Die antiken Säulen wurden in den gotischen Dom übernommen. Eingebaut in den hohen Chor bilden sie eine stete Erinnerung an das Werk Ottos des Großen. Weitere Säulen und Kapitelle aus der römischen Antike wurden im Remter und wahrscheinlich in der Marienkapelle verbaut.

Der von Erzbischof Albrecht II. 1209 im Chor begonnene Neubau des Domes, der 1520 mit den Westtürmen vollendet wurde, ist der erste gotische Kathedralbau nach französischem Vorbild und eine der größten Kirchen auf deutschem Boden. Dem zweitürmigen Westbau schließt sich ein dreischiffiges

0   10   20   30   40m

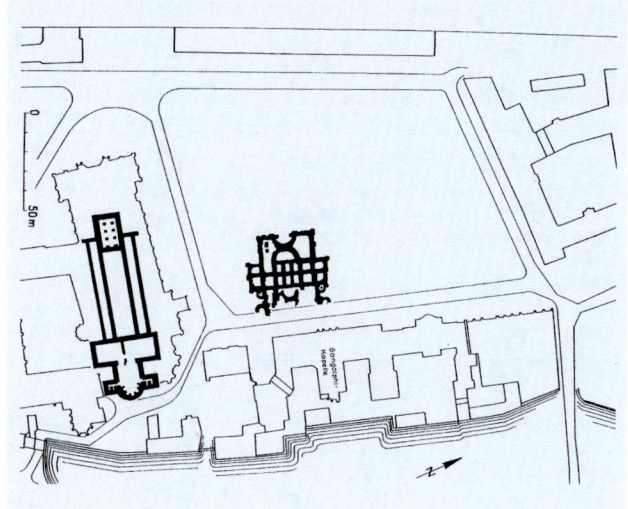

Langhaus mit Querschiff an, das seine Vollendung in einem Umgangschor mit Kapellenkranz findet. Die Türme ragen 103 Meter in die Höhe, im Mittelschiff zählt die Kathedrale 120 Meter in der Länge und 37 Meter in der Breite. Von der sächsischen Spätromanik, über die französische Hochgotik bis zur deutschen Spätgotik kann hier Architekturgeschichte abgelesen werden.

Die Ausstattung besticht durch ihren Reichtum und ihre Qualität. In der Westvorhalle befindet sich, als Äquivalent zum

Kopf der gotischen Figur der Dompatronin Katharina von Alexandrien im Chor

Anschrift
Magdeburger Dom
Am Dom 1
39100 Magdeburg

Tel.: (0391) 54 32 414
Fax: (0391) 54 32 414

Öffnungszeiten
Sommer (Mai–September)
Mo–Sa: 10.00–18.00 Uhr
So/kirchl. Feiertage:
11.30–18.00 Uhr

Winter (Oktober–April)
Mo–Sa: 10.00–16.00 Uhr
So/kirchl. Feiertage:
11.30–16.00 Uhr

Eintrittspreise
Eintritt kostenlos
Führungen: Erw. 6,– DM,
Erm. 3,– DM,
Gruppen 5,– DM/Pers.,
Erm. 3,– DM/Pers.

Führungen
Sommer: Di–Sa 14.00
Uhr, So/kirchl. Feiertage
11.30 und 14.00 Uhr

Winter: Di–Sa 14.00 Uhr,
So/Feiertage: 11.30 und
14.00 Uhr

Ansprechpartner für Führungen
Herr Domküster Jerratsch

Spezialführungen
Spezialführungen und
Führungen für Gruppen
über 10 Personen sind
nach vorheriger Absprache
auch zu anderen Zeiten als
zu den regulären möglich.
Gebühren wie bei
Gruppenführungen

Ausstellungen
monatlich wechselnde
Ausstellungen von Mai bis
Oktober

Anreise mit PKW
A 2 – Abfahrt MD-
Zentrum, Stadtautobahn
Abfahrt Zentrum/Hbf.,
dann Ausschilderung
„Landtag" folgen

Anreise mit ÖPNV
Straßenbahn Linien 10 u. 2

Parkplätze
50 für PKW, 3 für Busse,
an der Nordseite des Doms

Informationsmaterial
eigene Publikationen
(Faltblatt), Bücher

Verkaufsangebot im Bauwerk
Im Sommer während der
Öffnungszeiten und im
Winter an den
Wochenenden werden
Ansichtskarten, Bücher etc.
zum Kauf angeboten.

Besonderheiten
Parkplätze in der
Hegelstraße und am
Schleinufer, gesonderte
Busparkplätze vor dem
Westportal

Renaissanceplastik des hl. Paulus von der Domkanzel

Grab Ottos des Großen, die Bronzetumba Erzbischofs Ernst von Sachsen, die 1495 von dem berühmtesten Gießer seiner Zeit, dem Nürnberger Peter Vischer d. Ä. am Übergang von Spätgotik zu Renaissance geschaffen wurde. Der große Taufstein aus Porphyr im Langhaus gehört zu den Spolien, die Otto der Große aus Italien nach Magdeburg schaffen ließ. Im Erdgeschoß des Chorumganges sind die erlesensten vegetabilen und figürlichen Kapitelle der Spätromanik in Deutschland zu bewundern. Dort sind auch die beiden Bronzegrabmäler der Erzbischöfe Wichmann von Seeburg und Friedrich von Wettin aus der zweiten Hälfte des 12. Jahrhunderts aufgestellt, die aus dem ottonischen Dom stammen. Sie sind Hauptwerke der hochromanischen Bildhauerkunst, als die berühmte „Magdeburger Gießhütte" bis weit in den Osten ihre Werke exportierte. Im Langhaus befindet sich die sechzehneckige Heilig-Grab-Kapelle mit der ausdrucksstarken Figurengruppe eines Herrscherpaares um 1250, das als Otto und Editha bzw. als Christus und Ekklesia gedeutet wird. Die am nördlichen Querhaus angebaute Paradies-Vorhalle birgt das um 1250 geschaffene Jungfrauenportal als bedeutendste frühgotische Steinmetzarbeit in Deutschland. Das Querhaus dahinter verwahrt das 1929 von Ernst Barlach geschaffene Denkmal für die Gefallenen des Ersten Weltkrieges, das 1989 Ausgangspunkt der Magdeburger Montagsdemonstrationen war. In der Scheitelkapelle des Chores steht das spätgotische Kenotaph der Königin Edgith. Es handelt sich dabei um ein Scheingrab, das die Erinnerung an die erste Gemahlin Ottos des Großen wachhalten soll; das eigentliche Grab der Königin ging verloren. An der westlichen Außenwand des Ostflügels des Kreuzganges befindet sich eine nur noch schwer ablesbare Putzritzung aus der Mitte des 13. Jahrhunderts. Sie stellt Otto den Großen zwischen seine beiden Ehefrauen Adelheid und Edgith dar, die von Magdeburger Erzbischöfen flankiert werden.

Der hohe Chor umschließt das Grab Ottos des Großen. Vor dem Hochaltar seiner Kathedrale steht der schlichte Sarkophag des Kaisers, der von einer antiken italienischen Marmorplatte gedeckt wird; ein goldenes Schriftband, das heute verloren ist, umfaßte einst deren Rand. Der gußeiserne Schriftrost, der aus dem 20. Jahrhundert stammt, zitiert die Worte dieses Bandes: Tres luctus causae sunt hoc sub marmore clausae: rex, decus ecclesiae, summus honor patriae. (Drei Gründe zur Trauer sind unter diesem Marmor eingeschlossen: Der König, die Zierde der Kirche, die höchste Ehre des Vaterlandes.) Während des Mittelalters war das Grab der liturgische Mittelpunkt eines aufwendigen Totengedächtnisses. Im Jahre 1844 wurde der

Kopf des Dompatrons Mauritius, die erste plastische Darstellung eines Schwarzen in der europäischen Kunst, im Domchor

Grab Kaiser Ottos des Großen im Domchor

103

Westportal des Magdeburger Doms

S. 105: Darstellung des hl. Mauritius in der Ernstkapelle

Sarkophag des Erzbischofs Ernst in der Ernstkapelle im Dom

Sarkophag wegen notwendiger Reparaturarbeiten geöffnet. Das gut erhaltene menschliche Skelett, das man darin neben einigen Stoffresten fand, zeigte nicht mehr die natürliche Lage. Der Schädel, der eine auffällig fliehende Stirn aufwies, wurde dem Grab entnommen, gezeichnet und wieder zurückgelegt. Eine weitere Öffnung des Grabes erfolgte nicht.

In den sechziger Jahren wurden auf dem Domplatz die Reste eines großen mittelalterlichen Bauwerks entdeckt, das lange unwidersprochen als „Magdeburger Kaiserpfalz" galt. Neueste Forschungen lassen jedoch an dieser Interpretation des Grabungsbefundes zweifeln. Möglicherweise handelt es sich bei Teilen der ergrabenen Struktur um die Überreste des Westabschlusses der 937 begonnenen Kirche des Benediktinerklosters, das, wie bereits erwähnt, mit Mönchen aus dem Trierer Kloster St. Maximin besetzt wurde. Zwischen den in Magdeburg gefundenen Architekturresten und den Bauresten der in Trier ausgegrabenen Klosterkirche St. Maximin besteht jedoch eine gewisse Ähnlichkeit, so daß der Schluß naheliegt, daß die Mönche ihre neue Magdeburger Kirche nach dem Vorbild ihrer Trierer Heimatkirche errichtet haben. Doch steht der Grabungsbefund auch anderen Interpretationen offen. Der erzbischöfliche Palast, der später an dieser Stelle gestanden hat, wurde 1707 unter Leitung von Giovanni Simonetti als Barockpalais in der einheitlichen Flucht des Domplatzes neu errichtet. An die kirchliche Nutzung dieser Anlage erinnert die 1373 unter Erzbischof Günther auf älteren Fundamenten errichtete Palastkapelle St. Gangolf. Die einst mit einem Kollegiatstift besetzte Kapelle liegt ungefähr auf der Achse der ottonischen

Vergoldete Kopie des Magdeburger Reiters vor dem Rathaus

Schildtragende weibliche Begleitfigur des „Magdeburger Reiters"

Benediktinerkirche und könnte ursprünglich ein Teil derselben gewesen sein. Die Reste der Magdeburger Pfalz sind am Domplatz im Bereich der sogenannten Möllenvogtei zu vermuten.

Magdeburger Reiter

Alle späteren Generationen, alle späteren Herren Magdeburgs greifen in ihrem Selbstverständnis auf Kaiser Otto den Großen zurück, der die Stadt zu geschichtlicher Bedeutung geführt hat. Ausdruck dessen ist der „Magdeburger Reiter". Das um 1250 geschaffene Reiterstandbild mit zwei allegorischen, schild- und lanzentragenden weiblichen Begleitfiguren fand vor dem mittelalterlichen Rathaus auf dem Alten Markt Aufstellung. Die frühgotische Bedachung mit Spitzhelm und Zinnenkranz wurde 1651 durch einen steinernen Baldachin mit einem geschweiften Kupferdach auf acht Säulen ersetzt. Das im Kulturhistorischen Museum Magdeburg befindliche Original besitzt noch Reste der ursprünglichen Farbfassung, während die bronzene Kopie auf dem Markt die goldene Fassung der frühen Neuzeit widerspiegelt. Die etwas überlebensgroße Figur des reitenden Herrschers wird traditionsgemäß mit Otto dem Großen in Verbindung gebracht. Die linke Hand führt den Zügel des Pferdes vor der Brust, während die rechte in befehlender Geste sich ausstreckt. Entweder diente der königliche Reiter im 13. Jahrhundert als Symbol der städtischen Freiheit, mit dem die Bürgerschaft ihre Selbständigkeit demonstrieren wollte, oder als Zeichen der Herrschaftsgewalt, die die Erzbischöfe als Stadtherren beanspruchten und ihrerseits auf den König zurückführten. Wie dem auch sei, das ausdrucksstarke Portrait Ottos des Großen stellt das erste freiplastische Reiterstandbild auf deutschem Boden dar. Orientiert an französischen oder italienischen mittelalterlichen Vorbildern, greift es wie Otto der Große dreihundert Jahre früher auch auf römisch-antike Traditionen zurück. Einen direkten Vergleich mit dem berühmtesten antiken Reiter, dem Marc Aurel auf dem Kapitol in Rom, der im Mittelalter jedoch mit dem ersten christlichen Kaiser Konstantin dem Großen identifiziert wurde, braucht das tausend Jahre jüngere Magdeburger Reiterstandbild Ottos des Großen nicht zu scheuen.

Kloster unser Lieben Frauen und Kloster Berge

In Sichtweite des Domes hat sich ein weiteres bedeutendes mittelalterliches Ensemble erhalten, das Kloster Unserer Lieben Frauen. Von Erzbischof Werner wurde es um 1070 in rheinisch-romanischen Formen erbaut, die der Bauherr durch seinen Bruder, Erzbischof Anno von Köln, schätzen gelernt hatte. Norbert von Xanten errichtete hier 1129 das zweite Mutterkloster des von ihm in Prémontré, im Westen Frankreichs, gegründeten Reformordens der Prämonstratenser. Von hier aus organisierten er und seine Nachfolger mit sechzehn Tochtergründungen, darunter Havelberg und Jerichow, die Missionierung des ostelbischen Raumes. Norbert verstarb 1134 und wurde in der Krypta der Liebfrauenkirche beigesetzt; im Jahre 1582 wurde er von Papst Gregor VIII. heiliggesprochen. Seine Gebeine wurden von den Prämonstratensern 1626 in das Prager Kloster Strahow überführt; die Grabkammer ist leer. Über ihr erhebt sich die dreischiffige Pfeilerbasilika, die um 1230 unter dem Eindruck des Domneubaus frühgotische Gewölbe statt der Flachdecke erhielt. Außerdem wurden den romanischen Wänden und Pfeilern ein System von Blendarkaden und Diensten nach dem neuesten Geschmack als eine zweite Haut vorgelegt. Die Zerstörungen von 1945 wurden in Kirche, Kreuzgang und Kloster weitgehend getilgt, so daß sich das Kloster als Museum und als Konzerthalle, benannt nach dem in Magdeburg geborenen Barockkomponisten Georg Philipp Telemann, in mittelalterlicher Größe darbietet.

Marienkirche des romanischen Klosters Unser Lieben Frauen

Als das Moritzkloster nach Gründung des Erzbistums an den Erzbischof und das Domkapitel überging, wurden die Benediktiner, die es zuvor innegehabt hatten, außerhalb der Stadtmauer umgesiedelt. Die Ruinen des nochmals in der Reformzeit des 12. Jahrhunderts bedeutenden Konvents St. Johannes (Kloster Berge) wurden 1823/1825 gänzlich beseitigt. Unter Einbeziehung des Klostergartens hat Peter Joseph Lenné an dieser Stelle einen großen Landschaftsgarten, den Kloster-Berge-Garten geschaffen. Das 1825 bis 1829 nach dem Entwurf Karl Friedrich Schinkels errichtete Gesellschaftshaus, am höchsten Punkt des ersten Volksgartens Deutschlands, erhebt sich möglicherweise auf den Fundamenten des Klosters.

Kloster Unser Lieben Frauen, Brunnenhaus im Kreuzgang

Stationen auf den Spuren
Ottos des Großen in
Sachsen-Anhalt

Havelberg

Havel

Osterburg

Stendal

Tanger-
münde

Tanger-
hütte

Genthin

Burg

Elbe-Havel-Kanal

Elbe

Gardelegen

Letzlingen

Wolmirstedt

Haldensleben

Salzwedel

Klötze

Mittellandkanal

Walbeck

Magdeburg

Wanzleben

Oschersleben

Gommern

Leitzkau

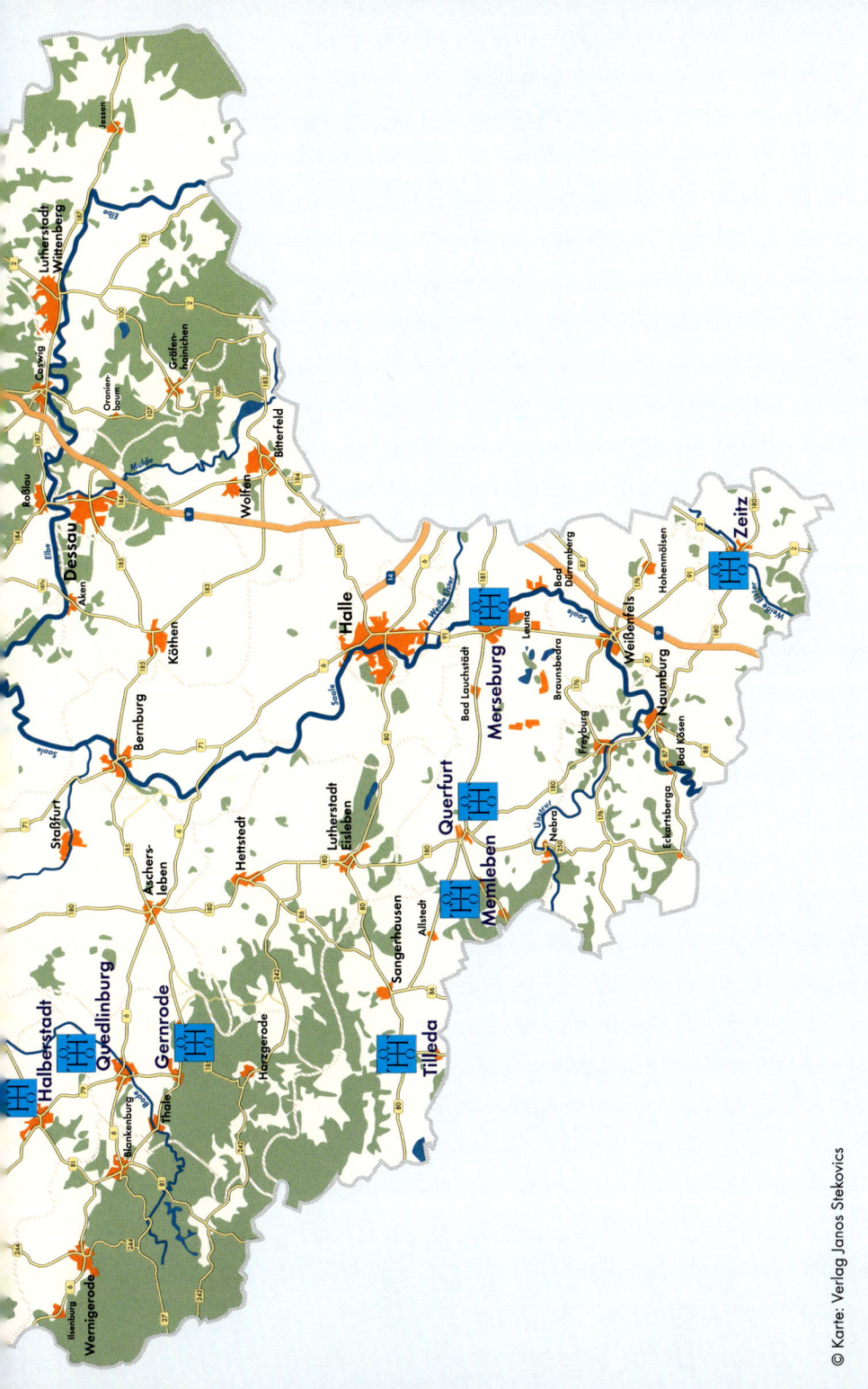

Jessen

Lutherstadt
Wittenberg

Elbe

Coswig

Roßlau

Dessau

Aken

Bitterfeld

Wolfen

Mulde

Elbe

Gräfen-
hainichen

Oranien-
baum

Saale

Köthen

Bernburg

Staßfurt

Saale

Aschers-
leben

Hettstedt

Quedlinburg

Halberstadt

Gernrode

Blankenburg

Thale

Harzgerode

Ilsenburg

Wernigerode

Lutherstadt
Eisleben

Sangerhausen

Allstedt

Tilleda

Querfurt

Memleben

Nebra

Unstrut

Eckartsberga

Halle

Weiße Elster

Bad Lauchstädt

Merseburg

Leuna

Braunsbedra

Freyburg

Bad
Dürrenberg

Saale

Weißenfels

Naumburg

Bad Kösen

Hohenmölsen

Zeitz

Weiße Elster

Karte: Verlag Janos Stekovics

Inhalt

Literaturhinweise

Zu den Bauten auf den Spuren Ottos des Großen sind in den letzten Jahren zahlreiche Führer und Einzelpublikationen erschienen. Grundlegend ist nach wie vor: Georg Dehio (Hg.): Handbuch der deutschen Kunstdenkmäler – Sachsen-Anhalt. Bd. 1 und 2.

Zur Konzeption des touristischen Gesamtprojektes: Christian Antz: Über die Bedeutung der Europaratsausstellung „Otto der Große, Magdeburg und Europa" und des Landesprojektes „Auf den Spuren Ottos des Großen" für Tourismus und Image Sachsen-Anhalts. In: Mitteldeutsches Jahrbuch für Kultur und Geschichte 9.2002

An Literaturauswahl zu Otto dem Großen sei genannt:
Gerd Althoff: Die Ottonen. Stuttgart-Berlin-Köln 2000
Gerd Althoff – Hagen Keller: Heinrich I. und Otto der Große. Göttingen-Zürich 1985
Gerd Althoff – Ernst Schubert (Hg.): Herrschaftsrepräsentation im ottonischen Sachsen. Sigmaringen 1998
(Ausstellungskatalog) Otto der Große, Magdeburg und Europa. Hg.: Matthias Puhle. 2 Bde. Mainz 2001
Bernd Schneidmüller – Stefan Weinfurter (Hg.): Ottonische Neuanfänge. Mainz 2001